La estrategia del camaleón

Dr. Gary S. Aumiller

La estrategia del camaleón

Utilice sus instintos animales
para mejorar sus relaciones
y su vida

EDICIONES OBELISCO

Si este libro le ha interesado y desea que le mantengamos informado de nuestras publicaciones, escríbanos indicándonos qué temas son de su interés (Astrología, Autoayuda, Ciencias Ocultas, Artes Marciales, Naturismo, Espiritualidad, Tradición...) y gustosamente le complaceremos.
Puede consultar nuestro catálogo en www.edicionesobelisco.com

Colección: Autoayuda
LA ESTRATEGIA DEL CAMALEÓN.
UTILICE SUS INSTINTOS ANIMALES PARA MEJORAR SUS RELACIONES Y SU VIDA
Gary S. Aumiller Ph. D.

1ª edición: abril de 2004

Título original: *Walk Like a Chameleon*

Traducción: *José Manuel Pomares*
Diseño de portada: *Michael Newman*

© 2001 by Gary S. Aumiller
© 2004 Ediciones Obelisco, S.L.
(Reservados todos los derechos para la presente edición)

Edita: Ediciones Obelisco S.L.
Pere IV, 78 (Edif. Pedro IV) 4ª planta 5ª puerta
08005 Barcelona-España
Tel. 93 309 85 25 - Fax 93 309 85 23
E-mail: obelisco@edicionesobelisco.com

ISBN: 84-9777-073-0
Depósito Legal: B. 17.645 - 2004

Printed in Spain

Impreso en España en los talleres gráficos de Romanyà/Valls S.A.
Verdaguer, 1 – 08076 Capellades (Barcelona)

Ninguna parte de esta publicación, incluso el diseño de la cubierta, puede ser reproducida, almacenada, transmitida o utilizada en manera alguna por ningún medio, ya sea electrónico, químico, mecánico, óptico, de grabación o electrográfico, sin el previo consentimiento por escrito del editor.

Esta obra está dedicada al doctor Daniel Goldfarb y su familia, Lisa, Judith y Max, por los veinte años que me han dedicado como el mejor amigo y socio comercial que cualquier hombre pudiera desear.

Agradecimientos

Quisiera expresar particularmente mi agradecimiento a:

Julia y Jasmine Mahoney, por su ayuda en la investigación y por su apoyo emocional.

Al Doctor John Nicoletti, por sus percepciones y visión durante las primeras fases de este proyecto.

A Amanda Patten, maravillosa editora, por su trabajo paciente con mi visión (y revisión).

A Arielle Eckstut, maravillosa agente, por sus continuos esfuerzos y apoyo a mis escritos.

A Damascus, Maryland, la hermosa ciudad donde me crié, un lugar lleno de gente encantadora y reconfortante, que sabía respetar a los animales que criaban en sus granjas y ranchos, así como en sus hogares. Una ciudad que mantenía un cobertizo lleno de animales junto a la escuela superior, para enseñarnos a los estudiantes que no éramos las únicas criaturas que habitaban el planeta.

A *Frisky*, *Fauna* y *Winfield*, los perros de mi vida, convencidos de que yo era el macho alfa de su camada y que gracias a ello me enseñaron a ser un mejor ser humano.

¿Hasta qué punto es ud. apto para la supervivencia?

Conteste al cuestionario del instinto animal

Cuando su pareja le dice que todo ha terminado:

a) ¿Se niega a salir con otras personas y mantiene su soltería hasta que usted haya terminado con ella? ____ ☐

b) ¿Llama al nuevo amor que hay en la vida de su pareja y le dice que se busque a otro? ____ ☐

c) ¿La convence para que acudan juntos a consultar con un terapeuta? ____ ☐

Si ha contestado *a*, es como el conejo, un evasor que huye del conflicto y de las situaciones que le parecen amenazadoras. Muestra tendencia a dejarse arrastrar fácilmente por el pánico y tiene miedo del mundo exterior. En su aspecto positivo, los evasores son buenos a la hora de establecer ambientes relajados y quizá sean la pareja perfecta para alguien con mucha ambición y estrés en su vida.

Si ha contestado *b*, es como el lobo glotón, un atacante que todo lo percibe en la vida como una amenaza. También afronta los problemas de frente y se pone a trabajar inmediatamente para hallar soluciones. Los atacantes son mejores parejas de las personas más pasivas, a quienes no les importa ser dependientes en momentos de estrés.

Si ha contestado *c*, es como un perro, un combinador que comprende bien que el verdadero poder proviene de la colaboración. Los combinadores siempre están buscando formar equipos y desarrollar la cooperación en beneficio mutuo. Son magníficos a la hora de compartir y lograr que los demás se sientan bienvenidos, especialmente si son ellos los que tiran del carro. Se conjuntan bien con parejas que también desean trabajar como parte de un equipo.

Capítulo 1

Seres humanos salvajes

Fue una situación terrible para Lisa. Apenas un par de meses después de que se casaran, su esposo empezó a maltratarla verbalmente. En el término de un año pasó a emplear el maltrato físico. En medio de aquella situación, dio a luz al bebé varón más adorable que sus progenitores pudieran haber deseado. Se suponía que la presencia del bebé contribuiría a calmar las cosas, que le daría al matrimonio aquello que le faltaba. Se suponía que permitiría sacar a la luz el instinto paterno del esposo y que eso les ayudaría a todos a convertirse en un equipo, en una familia. Pero nada de eso sucedió. Ella tenía que esconder a su hijo cuando el padre llegaba borracho a casa. Lisa sabía que sólo era una cuestión de tiempo antes de que su hijo se convirtiera en el objetivo de la cólera de su esposo. Finalmente, tomó a su hijo y desapareció, iniciando una nueva vida, con un nombre nuevo, a más de 3.000 km de distancia.

En la sabana salvaje, la leona esconde a sus cachorros cuando sale de caza, por temor a que un chacal o, si no ha habido comida suficiente, incluso el propio padre de los cachorros, los convierta en la merienda de la tarde. En ocasiones, la madre tiene que dejar la manada con sus pequeños para protegerlos.

Danny tenía un terrible sentido de la orientación, que le impedía saber dónde estaba el norte, el sur, el este y el oeste, a pesar de lo cual no le gustaba preguntar una dirección. A menudo efectuaba interminables zigzagueos por el campo, complicando incluso el más corto de los viajes. Eso nunca fue un gran problema para él en su pequeño pueblo natal, donde raras veces se sentía presionado por el tiempo. Hablaba como si todo estuviera bien y sus acompañantes no se molestaran nunca. Pero entonces, las vacaciones familiares en la gran ciudad le situaron en el barrio equivocado y en el momento más inoportuno. Cuando los miembros de una banda callejera rodearon su coche, tomó todo el dinero que había ahorrado para las vacaciones de la familia y lo arrojó por la ventanilla para distraer a los matones. Luego, apretó el acelerador a fondo y el coche se dirigió directo hacia un cruce, donde sufrió un accidente. La policía acudió rápidamente. Sin dinero, con el coche destrozado y un gran dolor de cabeza tras haberse golpeado contra el volante, Danny experimentó una extraña sensación de alivio.

En la naturaleza salvaje, ciertas lagartijas poseen la capacidad de desprenderse de la cola cuando son atacadas. En lugar de convertirse en la comida completa de un depredador que las persigue, le entregan una parte de sí mismas que, con el tiempo, les volverá a crecer.

Jasmine, abandonada desde hacía cuatro años por el hombre que estaba convencida de que iba a ser la pareja de su vida, aún no se había recuperado del todo. Lloró durante semanas y luego pareció como si ya nunca fuese capaz de vincularse sentimentalmente con nadie más. Había una extraña forma de saber cuándo un hombre se acercaba demasiado a Jasmine. Al principio, ella se mostraba superagradable con él y lo atraía. Si el hombre mantenía la distancia, ella seguía siendo agradable. Pero en cuanto ambos empezaban a sentirse muy cerca el uno del otro, ella se volvía muy antipática, lo criticaba constantemente, hacía cosas para enojarlo y lo ignoraba cuando él deseaba algo. La única esperanza que le quedaba era retroceder y entonces Jasmine volvía a ser agradable. Si trataba de acercarse de nuevo a ella, resurgía el lado antipático de Jasmine.

En la naturaleza salvaje, los monos aulladores negros suelen convivir muy pacíficamente con los otros animales que les rodean. Pero cuando ciertos animales invaden el territorio de lo que consideran como su hogar, se alteran, se suben a las ramas de los árboles y orinan y defecan sobre los intrusos.

Paula lo vio desde el otro lado de la pista de baile y todo pareció cambiar en su interior. La respiración se le entrecortó, la piel se le puso de gallina y hasta escuchó el corazón latiendo con fuerza por encima del sonido atronador del estéreo. ¡Era un hombre espectacular! Su presencia no pasó por alto a ninguna de las mujeres presentes en la sala. Paula se sintió embriagada por él. Aunque percibió que no era bueno para ella, supo que había de tenerlo. No fue nada que pudiera describir, sino simple instinto animal.

En la naturaleza salvaje, las aves macho que se aparean suelen ser las que tienen el plumaje más hermoso, o la pechuga más hinchada o la que gana en el enfrentamiento por ser el primero. Incluso un ave hembra nueva, recién introducida en el grupo, sabe inmediatamente quién es el primer macho que se apareará con ella.

La competencia fue feroz y supuso una gran exigencia para la empresa. Cuando al equipo de Bob se le encargó la casi insuperable tarea de expandir su red a otras tres ciudades en tan sólo tres meses, las diferentes reacciones que se produjeron fueron de lo más interesante. Joe se lanzó hacia delante como un **toro** que embiste contra la capa, afrontando cada problema a toda velocidad, a veces sin pensarlo y sin dirección. Antoinette hundió la cabeza en la arena como un avestruz y se escondió en su oficina durante un par de días. Clarissa y Adam fueron ajetreadamente de un lado a otro, como **abejas** obreras, ocupándose de traer la comida y de que todo el mundo dispusiera de café y suministros suficientes para realizar su trabajo. Dickie afrontó el desafío como un juego y siguió imaginando nuevas estrategias para superar a la competencia por medio de la astucia, como un **zorro**. Andrew se aferró a todo trabajo o idea nueva. Se mezclaba con todos, como un **camaleón**, era el que mejor sabía escuchar y la primera persona en ofrecer apoyo cuando más se necesitaba. El trabajo de Theresa consistía en procurar que ninguna influencia externa interfiriese en los progresos del equipo. Tenía tantas espinas como un **puercoespín** y mantenía a todo el mundo a distancia, desde los jefes hasta los medios de comunicación que buscaban una primicia. Pero al mando de todos ellos estaba Bob, que se ocupaba de mantenerlos organizados y de concentrarlos en trabajar conjuntamente, como un ejército de **hormigas**. Avanzaron juntos, como un equipo compuesto por diferentes personalidades animales, cada una de las cuales hacía lo que mejor sabía hacer.

En un mundo lleno de explicaciones, donde al ser humano se le examina célula a célula, hasta la discontinua localización de un manojo de nervios, hasta los pares químicos base que forman el ADN, hasta los 37.000 genes individuales, nos las hemos arreglado para pasar por alto una de las explicaciones más sencillas de lo que controla nuestras vidas: **¡somos animales!**

Aunque los seres humanos utilizamos ahora el término naturaleza salvaje para referirnos a algo muy diferente a la definición del término naturaleza, seguimos siendo animales en estado salvaje. Cada día nos sentimos preocupados por la supervivencia y procuramos satisfacer nuestras necesidades. Cada día tenemos que afrontar las amenazas de la naturaleza o, al menos, de la naturaleza «civilizada» que hemos creado como seres humanos. Y, sin embargo, nos hemos alejado de los mismos instintos animales que asegurarían nuestra supervivencia y que nos ayudarían a satisfacer nuestras necesidades en nuestra versión de la naturaleza salvaje. Nos hemos alejado de los instintos animales que nos ayudarían a sobrevivir en cualquier ambiente, civilizado o no.

Una mujer que protege a su hijo de las personas que pudieran tomarlo como una presa, a veces incluso de su propio padre, es como la leona que teme al chacal, o la osa que protege a su osezno de los lobos. Algunos hombres, mujeres y animales se petrifican para no dar a conocer su presencia o atacan porque se sienten asustados. Algunos se sienten morir de hambre física o psicológica cuando el mundo en el que viven no les permite encontrar las «provisiones del espíritu» y, entonces, se cierran sobre sí mismos. ¡Somos animales! Existimos como animales; nuestro mundo forma parte del reino animal.

La sociedad puede protegernos de las amenazas físicas del «devora o serás devorado», pero el diente y la garra emocional de nuestra existencia nos exponen a peligros que nos exigen utilizar las mismas habilidades de supervivencia que nuestros hermanos animales. El jefe crítico puede cernerse sobre nosotros como un águila que desciende silenciosa del cielo, viéndonos como una presa con la que alimentar su necesidad de demostrar su poder ante los demás. Los rumores y chismorreos son capaces de crear un frenesí devorador similar al de un tiburón, que da dentelladas a nuestra reputación hasta el punto de hacerla desaparecer en cuestión de minutos, a pesar de que hayamos trabajado durante años para que fuese inmaculada. Las amenazas que se ciernen sobre nuestra salud emocional y psicológica en el mundo civilizado pueden ser tan rápidas en actuar y tan brutales como cualquier ataque que pueda producirse en la naturaleza, desafiándonos a utilizar toda nuestra energía para luchar por la supervivencia de nuestro sentido del yo.

Y, no obstante, nos aislamos de las realidades que pueden protegernos. Preferimos complejas soluciones pseudopsicológicas a las cuestiones de la naturaleza, nos atiborramos de pastillas y hierbas que se supone que deberían crear unas sensaciones cuya ausencia lamentamos, sustituir algo que no está presente. Preferimos examinar nuestras historias personales y echar la culpa de las luchas de nuestra vida a cualquier acontecimiento o persona significativos que puedan haber alterado nuestra idea preconcebida de una existencia perfectamente reglamentada. Ignoramos las tendencias básicas del mundo animal, en lugar de compararnos con criaturas que únicamente piensan en su siguiente comida o en protegerse a sí mismas. Tememos lo salvaje, tememos ser animales. Ignoramos nuestros instintos animales y, como consecuencia de ello, sufrimos.

La musaraña que tiene que consumir diariamente hasta 1,5 veces su peso corporal sólo para sobrevivir necesita concentrarse siempre en obtener cada día ese alimento. Algunos de nosotros, en cambio, necesitan de un consuelo constante, casi cada hora, sólo para alimentar una autoestima muy débil.

En el joven salmón, la programación incorporada desde antes de nacer instila en él cientos de técnicas evasivas para evitar a los depredadores, de modo que hasta el 15 por ciento de ellos consiguen desovar y propagar la especie. Algunos de nosotros, en cambio, aprendemos a evitar todo tipo de enfrentamientos, imaginando que la mejor forma de sobrevivir es no correr nunca ningún riesgo o peligro y así terminamos por vivir una vida insatisfactoria, en la que cualquier cambio o entusiasmo brillan por su ausencia.

La grajilla sabe exactamente cuál de sus congéneres ocupa el puesto más alto en el escalafón de su territorio y sabe que sólo puede desafiar ese orden a través de una batalla muy brutal en la que el perdedor termina ensangrentado, permanentemente tocado y ocupando un rango inferior al que ocupaba cuando empezó la lucha. Algunos de nosotros experimentamos un gran fracaso en la empresa donde trabajamos, que daña permanentemente la impresión que nuestros colaboradores tienen de nosotros, al margen de los éxitos que podamos alcanzar en el futuro.

El elefante macho se comunica con las hembras receptivas desde kilómetros de distancia para satisfacer su necesidad de aparearse. ¿Acaso somos nosotros diferentes? Sólo tenemos que pensar en los anuncios personales y en los contactos por Internet. ¿Creemos acaso haber escapado de algún modo a la programación de la naturaleza para actuar cada día de modo que podamos satisfacer nuestras necesidades? No nos hemos escapado de la naturaleza, sino que nos hemos alienado de ella al pensar que, de algún modo, somos mejores. Y cuanto más nos alejamos de nuestros instintos como animales, tantos más antidepresivos necesitamos consumir, tanta más insatisfacción expresamos y tanto más luchamos unos contra otros. No nos permitimos quedarnos desnudos, como animales. No nos permitimos mostrar a los demás los animales que somos realmente en la naturaleza salvaje. Unos animales que no satisfacen sus necesidades y las exigencias de su especie de luchar contra la extinción. Serán nuestras negaciones psicológicas, la alienación de nuestros instintos animales lo que amenace nuestra extinción emocional y no la satisfacción de nuestras necesidades físicas.

De un animal a otro, únase al reino.

¡¡Sea salvaje!! ¡¡Sea un animal!!

Capítulo 2

Coma, beba y sea peludo

CONSIGA suficiente para comer y beber, para hacer circular la sangre, controlar la temperatura del cuerpo, protegerse del peligro que pueda amenazar su vida, comunicarse con los demás cuando sea necesario y encontrar equilibrio después de los cambios, y sobrevivirá. En la mayoría de los casos, es así de simple. La fisiología de las diferentes especies ha creado en todo el reino animal grandes variaciones en la forma con la que los animales consiguen realizar estas sencillas tareas. El camello desarrolló un tracto digestivo muy eficiente que le permite utilizar muy poca agua y alimento, de modo que puede sobrevivir en el desierto. La jirafa tiene una presión sanguínea extremadamente elevada y el corazón del tamaño de un balón de fútbol para bombear la sangre en sentido ascendente, por el largo cuello, hasta el cerebro. El perro jadea para controlar la temperatura de su cuerpo. El camaleón cambia de color para no ser visto por los depredadores. A la mayoría de animales terrestres de sangre caliente les crece una capa de vello que les protege del frío. La naturaleza ha hecho toda clase de maravillosas variaciones del reino animal para crear una diversidad que aporta color a un mundo que, de otro modo, sería muy blanco y negro. Y los evolucionistas nos explican, además, que únicamente los camellos con el tracto digestivo y con el corazón más eficientes son los que sobreviven para que la especie continúe.

Muchos animales salvajes parecen tener una forma natural de comunicarse entre sí a través de ligeros empujones, gruñidos, bufidos y un sinfín de otras acciones. Como seres humanos, únicamente podemos conjeturar qué significado tiene para ellos ese lenguaje corporal. La mayoría de los demás animales también parece tener una cierta capacidad natural para establecer el equilibrio cuando su vida se ve afectada por un gran cambio. Si las tormentas destruyen su hogar o a su familia, los animales responden con una extraordinaria capacidad para seguir adelante. Se trata, en su mayor parte, de instinto, desarrollado no sólo a partir de lo que se les ha enseñado desde que nacieron, sino también de aprendizajes transmitidos de generación en generación, cuando ellos todavía no habían nacido. El éxito de su supervivencia se encuentra en esos instintos animales. La esencia de lo que les hace diferentes a unos de otros se encuentra en la combinación de las diversas estrategias que utilizan para sobrevivir. Sus instintos animales determinan su estilo de vida animal, el lugar que ocupan en el mundo de los animales, si se aparearán o no e incluso con qué otros miembros de su especie lo harán. Ese es el estilo de vida animal.

Con algunas excepciones, la mayoría de lectores de este libro raras veces se despertarán preocupados por tener suficiente alimento y agua para sobrevivir, hacer circular su sangre o controlar la temperatura de su cuerpo. Probablemente, no se despierta usted preocupado por la necesidad de protegerse de un depredador. La mayoría de las funciones vitales de nuestro cuerpo son involuntarias y la sociedad toma medidas para proteger ampliamente su propia seguridad. Pero comunicarse y encontrar equilibrio en su vida después de un cambio se convierte en una importante prioridad de los seres humanos, más que para la mayoría de animales. A los animales les preocupan las necesidades básicas, como el alimento, la seguridad y el agua, y la comunicación y el equilibrio se producen de un modo natural. Usted, en cambio, no tiene esa suerte.

Usted ha desarrollado pautas de comunicación mucho más complicadas y exigencias más rápidas para restablecer el equilibrio que cualquier otro animal. Esos dos temas, por sí solos, llenan nuestras estanterías, ofrecen guiones para los dramas de la televisión y para los conflictos de las películas que vemos y reciben una gran atención en nuestras discusiones sobre el significado de la existencia. Si tiene problemas con la comunicación o el equilibrio, habitualmente buscará las opiniones de los amigos, leerá libros, escuchará a los consejeros radiofónicos, acudirá a terapeutas o le escribirá a un gurú que contestará a sus preguntas en las páginas de un periódico. El consejo que reciba en su irreprimible búsqueda de una solución milagrosa se supone que debería servir para todos los hombres y mujeres, todos ellos de naturaleza humana: «Necesita atacar este problema de frente», o «Retroceda y concédase algo de espacio», o «Exprese lo que siente para que ambos puedan elaborar juntos la solución al problema». De ese modo se produce una uniformización de la individualidad, una suavización de las diferencias, hasta el punto de que parece como si todos tuviéramos una única mente, como si todos reaccionásemos del mismo modo ante nuestro ambiente. Otras especies, en cambio, están programadas para reaccionar de ciertas formas predecibles. El pez espinoso siempre ataca a cualquier intruso que cruce sus fronteras subacuáticas; el conejo siempre huye y se esconde ante una amenaza. En situaciones de supervivencia, ¿no debería la gente actuar del mismo modo, como las otras especies?

¡No!

Los consejos de los gurus fracasan porque tratan de enseñarle a tener éxito utilizando únicamente un método «demostrado». La psicología fracasa porque trata de establecer reglas generales para un comportamiento saludable. Las ciencias que estudian a los seres humanos fracasan porque tratan de describir, circunscribir o prescribir un conjunto de acciones o tratamientos para manejar los problemas humanos. Lo mismo que los animales salvajes, nuestras estrategias de supervivencia quedaron programadas en el útero de nuestra madre y se han desarrollado a través de historias individuales muy diferentes. Nos parecemos menos unos a otros que otras especies y actuamos de formas menos predecibles. Nuestras estrategias de supervivencia se han diversificado, pero siguen formando parte del reino animal. En la especie humana, podemos identificar todas las estrategias de supervivencia de los otros animales. Lo que nos define como individuos son las pautas de supervivencia que utilizamos, la forma de enfocar un problema y el modo de satisfacer nuestras necesidades. Su comportamiento se basa en los instintos animales que lleva incorporados, y puede aprender a tener más éxito mediante la comprensión de cómo otros animales que utilizan las mismas estrategias alcanzan éxito en sus estilos de vida, en sus luchas y relaciones. Los otros seres humanos no comparten sus mismos instintos animales, pero hay especies enteras de animales que comparten esas pautas con usted. Al afrontar un problema, quizá desee compararse con otros seres humanos, pero de los animales aprenderá a ser un mejor humano, un mejor animal humano.

No obstante, antes de que eso pueda suceder, tiene que superar las limitaciones que el hecho de ser humano suponen para su capacidad para admitir su naturaleza animal. Esas limitaciones derivan de pensamientos mal razonados que emplea para ordenar su propio mundo. Son pensamientos que destruyen su naturaleza animal. Son mitos, creencias antiguas que imponen a la vida un orden sobrenatural inexistente. Si creemos plenamente en ellas, tienen el poder de destruir el amor, de crear desconfianza, cólera, culpa e incluso ira. Son capaces de aniquilar cualquier cosa que haga a un humano diferente de otro. Pueden ayudar a justificar cualquier comportamiento, desde la generosidad, hasta el castigo suave e incluso la muerte. Y están por todas partes. Puede llamarlas, simplemente, el mito de la afinidad, el mito de la sincronicidad y el mito del por qué.

El mito de la afinidad

Afinidad es la convicción de que todos somos similares en nuestra forma de sentir, pensar, actuar, percibir las situaciones, comunicarnos y adaptarnos al cambio. Pocos asesores admitirán creer en esto, pero cuando se asesora a las personas sin saber en qué se diferencian unas de otras, se les está diciendo, en esencia, que son homogéneas, es decir, que todas son iguales. Al actuar como si todo el mundo pudiera utilizar el mismo consejo, se niegan las diferencias individuales en personas que pueden actuar en formas muy diversas. Recuerde que es la variedad y la diversidad lo que da color a nuestro mundo. El mito de la afinidad le hace tener expectativas de que todo el mundo será exactamente como usted en su forma de sentir, pensar y reaccionar. Y, una vez que abrigue esas expectativas, lo más probable es que termine por sentirse desilusionado. El mito de la afinidad toma el color de su propio mundo.

Quizá sea precisamente la civilización, que hemos creado para hacer el mundo más seguro para la gente, la que nos hace ser menos similares. La historia del perro demuestra el efecto que puede tener la civilización sobre una especie. La naturaleza favorece a los perros callejeros, que tienen habilidades más uniformemente desarrolladas. Un shihtzu tendría menos posibilidades de supervivencia en la naturaleza salvaje si no fuera por el ambiente protegido que le puede proporcionar el hombre. Pero el perro de pura raza tiene un valor más elevado en una sociedad domesticada, lejos de la naturaleza salvaje. Los evolucionistas están convencidos de que muchas razas de perros actuales proceden, esencialmente, de dos tipos básicos: uno similar al chacal y el otro similar al lobo. A través de la domesticación de esos animales, el hombre empezó a criar perros para obtener características específicas. Ahora tenemos razas de perros que ofrecen una tremenda variedad en cuanto a sus habilidades como vigilantes o cazadores, como animales amables con los niños o, simplemente, como buenos y tranquilos animales de compañía. Fue la sociedad la que, al querer características específicas más fuertes, creó la diversidad que encontramos en las diferentes razas y la diversidad creada por la sociedad ha producido diferencias en sus pautas instintivas.

Del mismo modo que la sociedad crea diferencias en la población mundial, el hombre ha desarrollado variadas pautas instintivas, lo mismo que el perro. Pocos veterinarios dan consejos sobre un perro sin preguntar previamente de qué raza es. Y, sin embargo, la mayoría de quienes se dedican a asesorar a las personas diseñan su sabiduría sin preocuparse lo más mínimo por las diferencias que pueda usted tener con respecto a su vecino. Ese consejo no considera cuáles son exactamente sus instintos animales, los desarrollados a lo largo de generaciones de crianza selectiva. El primer paso para acercarse a los propios instintos animales consiste en liberarse del mito de la afinidad. Reconozca que, del mismo modo que cada raza de perro es diferente, también usted es diferente a los otros humanos. Tanto si es un rottweiler, como un collie, un pit bull o un cruce entre un gran danés y un pequinés, no piensa como los demás, no quiere dar a entender lo mismo cuando dice palabras como «odio» o «amor», no afronta las amenazas del mismo modo, ni tiene los mismos temores o incluso ve el color rojo del mismo modo. Y seguirá igualmente un camino diferente hacia el éxito, el equilibrio y la buena comunicación, dependiendo de la pauta de sus instintos animales.

Al creer en el mito de la afinidad estará inevitablemente abocado a descubrir que hace juicios precipitados, que se equivoca respecto de las intenciones de los demás y que tiene dificultades para aceptar que alguien pueda actuar de modo diferente a como actúa usted. Al rechazar el mito de la afinidad se libera para aceptar a las personas por lo que son y, finalmente, para aceptarse a sí mismo. Será entonces más capaz de definir su mejor camino hacia las cosas que desea alcanzar. Se sentirá libre para ser diferente y para permitir que otros también lo sean.

El mito de la sincronicidad

La sincronicidad es la convicción de que los seres humanos viven vidas paralelas en un mundo idéntico. Supone que nos movemos y funcionamos al mismo ritmo, que nos relacionamos con el mundo de la misma manera y que cada día afrontamos los mismos desafíos. La sincronicidad sugiere que nuestras historias encajan con las historias de todos los demás, de una manera uniforme. ¿Quién esperaría que eso fuese cierto?

Nadie cree realmente que su vida sea exactamente igual a la de cualquier otra persona. Pero, cuando se trata de dar consejos, ¿cuántas veces no habrá comparado alguien lo que le sucede a usted con algo que le ocurrió a él mismo? «Bueno, cuando a mí no me hicieron caso en la empresa, me levanté con mi propio esfuerzo y...» Fantástico, si usted tuviera a su mismo jefe, su mismo trabajo y estuviera en su misma empresa, ahora ya sabría lo que puede hacer. Pero, ¿y si su situación personal es diferente? ¿Y si la persona con la que tiene que tratar actúa de un modo diferente? ¿Y si su trabajo le plantea exigencias diferentes o a usted le consideran de un modo diferente a como consideraron al amigo que le da el consejo? ¿No necesitará poseer antes una comprensión de las diferencias entre los personajes y los guiones, antes de poder predecir cuál será el final de la película o de la novela?

El mito de la sincronicidad tuvo probablemente sentido cuando el hombre se hallaba en su estado primitivo. Como miembro de una tribu de cazadores-recolectores, había poca variación en su vida. La suposición de que alguien más de la tribu llevaba una vida similar no iba probablemente muy desencaminada, ya que ambos participaban en actividades similares para sobrevivir. Quizá fuera el descubrimiento del fuego, de un arma, de la rueda o de cualquier otro invento prehistórico lo que inició el cambio hacia una situación en la que creer en el mito de la sincronicidad dejó de tener sentido. Cuando Roy, el hombre de las cavernas, cinceló con una piedra afilada recién inventada la historia de la caza en una pared para que sus amigos la vieran, Linda, la mujer de las cavernas, se quejó de haber escuchado la misma historia por enésima vez y observó que, en cada ocasión, el animal cazado parecía hacerse más grande. Así nacieron las diferencias. Las vidas de los seres humanos dejaron de ser similares a medida que el intercambio de las historias contadas demostró que creamos historias singulares.

Creer en el mito de la sincronicidad no hace sino socavar su capacidad para manejar las situaciones basándose en sus propios instintos animales. Si presta más atención a los acontecimientos que ocurren en las vidas de los demás y los compara con lo que le sucede a usted, esperará los mismos resultados en su vida. Y sufrirá muchas desilusiones cuando no se cumplan esas expectativas. Caerá en la trampa de culpabilizarse por los fracasos o acusará a otros de haber hecho algo erróneo, lo que les ha llevado a los resultados que han obtenido. El mito de la sincronicidad perpetúa la convicción de que la vida es ordenada y justa. ¡Y no es así!

Negar el mito de la sincronicidad le proporciona libertad para evitar el compararse con otros. Le permite reconocer la singularidad de su vida y de su historia, para utilizarla en ventaja propia. Y, lo más importante, le permite vigilar atentamente cuando otra persona traza sus jeroglíficos y reconoce que los dibujos que trace usted serán diferentes y que tiene que actuar de modo diferente para lograr el resultado que desea alcanzar.

El mito del por qué

Uno de los momentos más horribles de un psicólogo o de un autor de libros de autoayuda es cuando alguien le plantea una sencilla pregunta: «¿Por qué?». ¿Por qué soy así? ¿Por qué actué de este modo? ¿Por qué me trata él de esta manera? Y eso es horrible porque la mayoría de la gente no quiere aceptar que no hay una única respuesta a esa pregunta del por qué. Están convencidos de que acuden al psicólogo para comprender el por qué: «Hoy siente miedo de los caballos porque cuando era niño le obligaron a montar en uno antes de que se sintiera preparado para ello». «Hoy tiene problemas de relaciones porque su última pareja la maltrató.» «Su hijo saca malas notas debido al trauma que ocurrió en su vida el año pasado.» Y, no obstante, algunas personas superan su temor inicial a los caballos y se convierten en grandes jinetes o amazonas, otras salen de una mala relación y consiguen que la siguiente sea mejor y, ante situaciones traumáticas, algunos estudiantes todavía se esfuerzan más en su trabajo y logran destacar.

En la ciencia, a eso se le llama «efecto de la interacción»: una combinación de personas o de acontecimientos tiene un efecto que es más que la simple suma de dos acontecimientos o dos personas. Los propietarios de animales de compañía que han intentado mezclar a sus compañeros animales de distintas razas, habitualmente dóciles, quizá hayan descubierto que la mezcla funciona muy bien y que los animales juegan juntos, o que se ignoran o incluso, a veces, se pelean como perros y gatos. Lo mismo sucede con la gente. ¿Cuántas veces ha visto a dos buenas personas tratar de establecer una relación sólo para que salgan a la luz los lados peores y más volátiles de ambas? Tratamos de culpabilizar a una persona debido al mito del por qué, pero con frecuencia sólo se trata de una mala combinación, de un mal efecto de interacción. Cuando dos personas se relacionan bien, decimos que entre ellas hay «química». Cuando el resultado es malo, tratamos de echarle la culpa a alguien. La química crea nitroglicerina, napalm... y también el olor de los calcetines sucios.

El desarrollo del mito del por qué es bastante comprensible. En algún momento, entre los dos y los cuatro años de edad, el pequeño trata de comprender el mundo. Se convierte en una molestia para sus padres porque siempre anda preguntando el por qué de todo, en ocasiones para llamar la atención, otras veces para descubrir realmente cómo funciona algo o qué sucede a su alrededor. Mamá y papá contestan a las preguntas lo mejor que pueden. Pero cuando el pequeño les hace una pregunta cuya respuesta no conocen o no quieren explicar, entonces dicen: «No lo sé». Ese primer «No lo sé» se encuentra con tal lluvia de preguntas repetitivas, de lloriqueos y falta de aceptación, que mamá y papá terminan por darse cuenta de que, para tener algo de paz, tendrán que dar una respuesta a todo «por qué» que les plantee el pequeño, si no quieren que se la siga planteando durante el resto de sus vidas. Así pues, el pequeño crece convencido de que hay respuestas para todas las preguntas y que la respuesta es simple y evidente, tanto que, cuando se convierte en adolescente, se da cuenta de que incluso él y sus amigos conocen por sí mismos todas las respuestas.

La gente que cree en el mito del por qué suele analizar en exceso y culpabiliza con demasiada frecuencia. Tienen tendencia a dejarse llevar por la cólera y a sentir que otras personas se disponen a controlar sus vidas. Intentan controlar demasiado sus propias vidas y terminan por sentirse frustrados cuando se produce el efecto de la interacción y no obtienen el resultado esperado. Siguen siendo como el adolescente que espera que todo y todos hagan lo que desea, convencido de que la vida es justa. Cuando se ve a alguien petrificado en la vida, que no reacciona ante las cosas que suceden, puede tener la seguridad de que se ha pasado mucho tiempo creyendo en el mito del por qué.

No hay una única causa para cualquier síntoma o problema, porque se produce un efecto de interacción que resulta de la combinación de todas las partes de su vida y de sus instintos animales. Los «por qué» de la vida son efectos de interacción que no se pueden identificar porque cada cual tiene una vida diferente y ha pasado por combinaciones diferentes en su pasado. Negar el mito del por qué significa aceptar que las combinaciones e interacciones que se producen en nuestras vidas crean no sólo lo que ya ha sucedido, sino también lo que sucederá en el futuro. Además, nunca llegará a saber por qué ocurre todo, y tampoco necesita saberlo para sobrevivir.

El poder que obtiene al aceptar esto produce tres grandes efectos que le asegurarán una buena salud psicológica. En primer lugar, no se puede contestar a los por qués, de modo que de poco le servirá analizar excesivamente las cosas. El exceso de análisis no hace sino producir una sobrecarga de ansiedades y temores que desaparecen en cuanto se dejan de buscar los por qués. En segundo lugar, puede tener control sobre el camino que sigue en la vida controlando las interacciones que suceden después de un incidente. La calidad de su vida no depende de los acontecimientos que ocurren en ella, sino de sus reacciones a tales acontecimientos. Nunca estará totalmente libre de resultados indeseados. Pero siempre tendrá la libertad para reaccionar ante ellos. En tercer lugar, cuando se es consciente de los propios instintos animales y de cómo interactúan en su vida, podrá utilizarlos en ventaja propia. Tendrá así la posibilidad de aprender a utilizar los instintos animales para controlar los efectos de la interacción, controlando por lo tanto sus comunicaciones y su habilidad para encontrar equilibrio después de los cambios que se produzcan en su vida.

Resulta agradable saber que probablemente no experimentará la sensación de ser tragado entero por una pitón y digerido mientras todavía está vivo en su interior, o cazado por un tigre, sintiendo cómo sus colmillos se hunden en su garganta. Pero tendrá que recuperarse cuando un amigo o un amante mueran inesperadamente. Tendrá que enfrentarse a un jefe que desea hacer las cosas a su manera, independientemente de toda lógica que indique la conveniencia de hacerlas de otro modo. Quizá tenga un cónyuge o pareja que parezca como si desee culpabilizarle de todas sus miserias actuales o que se olvide de tratarla como debería tratarse a alguien a quien supuestamente se ama. Tendrá que afrontar muchas cosas que amenazarán su autoestima, su equilibrio en la vida, muchos cambios de planes y, en ocasiones, tendrá que tomar decisiones que pueden afectar a todo el resto de su vida. Escuchará la llamada de sirena de los mitos de la afinidad, la sincronicidad y el por qué y sentirá la seducción de intentar creer lo que no es cierto. Usted se definirá a sí mismo por su forma de reaccionar ante situaciones de supervivencia, por los instintos que siga o que ignore en la comunicación y en el establecimiento del equilibrio. El león caza para sobrevivir, la lombriz de tierra se entierra, la termita se une con las demás, al alce le salen los cuernos y usted también tiene una pauta natural. Una vez que haya definido sus propios instintos animales podrá aprender de los animales cómo hacerlos funcionar.

Capítulo 3

La bestia que llevamos dentro

SI fuera usted un animal, ¿qué clase de animal sería? Quizá elija un guepardo porque admira la rapidez, o un perro porque admira la compañía fiel o quizá si no le gusta mucho el trabajo que hace elija a un hámster corriendo en una rueda sinfín, porque tiene la impresión de pasarse todo el tiempo trabajando, sin llegar a ninguna parte. En cualquier caso, elegiría un animal cuyas cualidades le gustaría tener o uno que le recordara su estilo de vida en la actualidad. Es poco probable, sin embargo, que examinara su forma de enfocar el peligro y la protección y se definiera por la estrategia que utilizaría para sobrevivir ante una amenaza. Y, no obstante, quizá sea esa la mejor forma de definir cómo percibe el mundo y cómo va a interactuar con los demás.

Si en este mundo todo fuese maravilloso, no habría razón alguna para que existieran características negativas de la personalidad. Se pasaría por la vida con poco esfuerzo, ayudando a todos los demás y disfrutando de cada uno de los momentos de su existencia. Se casaría con su primer amor, tendría hijos que llevarían unas vidas perfectas y libres de estrés, y la vida sería plenamente satisfactoria. Nunca tendría que afrontar ninguna tarea relacionada con la supervivencia, ni se vería obligado a encontrar equilibrio tras el cambio y la comunicación con todas las personas con las que entrara en contacto sería fluida y fácil. Es posible que nos esforcemos por experimentar la vida de este modo, pero no es esa la realidad para la mayoría de nosotros.

La vida es una serie de problemas y soluciones. La forma que tenga usted de afrontar los problemas que le plantea la vida creará el fundamento de su personalidad. Las soluciones que elija definirán cómo se verá configurada su vida y quién querrá estar a su alrededor. Si es usted como la mayoría de la gente, sus fracasos definirán a menudo las características negativas que se mantienen en su personalidad y harán que sea más o menos aceptable para otras personas. Sus éxitos le ayudarán a configurar las características positivas en las que confía y con las que cuenta la gente. Los sueños, los objetivos y fantasías se hallan todos entrelazados en la historia de sus acciones, así como en sus resultados. Igualmente entrelazadas se hallan la confianza en sí mismo, las opiniones de los demás y la tendencia a ser un buen trabajador o un miembro de la pareja en un plano de igualdad con el otro. Comprender las pautas instintivas que producen ciertos resultados en el reino animal constituye el primer paso esencial para finalmente controlar esos resultados.

Los animales (incluidos los humanos) tienen, en general, ocho estrategias que utilizan para protegerse a sí mismos y para aumentar sus oportunidades de supervivencia. Probablemente, no considerará esas pautas como una «personalidad» en los animales no humanos, pero en su caso concreto forman parte integral de su personalidad y de su forma de enfocar la vida. La mayoría de los animales salvajes sólo utilizan de una a tres estrategias, que parecen ser las empleadas por toda su especie. Probablemente, usted también utiliza un número limitado de estrategias, una de las cuales sería la fundamental. Pero las estrategias que emplea son diferentes a las que utiliza su vecino, o la persona que trabaja en el despacho de al lado. Y son precisamente estas diferencias en las estrategias de supervivencia las que hacen que nuestros caracteres sean diferentes, que nuestras vidas sigan caminos diferentes y que se produzcan los muchos «efectos de la interacción» de los que hablamos en el capítulo anterior. Al aprender cuáles son las pautas de supervivencia que utiliza, también podrá aprender a funcionar con mayor efectividad y al comprender las pautas seguidas por los demás, dispondrá de un mejor control sobre los efectos de la interacción. Así de sencillo.

¿Cuál es la naturaleza de la bestia que lleva en su interior?

Antes de contestar a esta pregunta, tiene que comprender primero cuáles son las estrategias generales de supervivencia utilizadas en la naturaleza. La principal preocupación de un animal en la naturaleza salvaje es la de prevenir cualquier ataque. En la jungla, el bosque o el desierto, prevenir un ataque significa no situarse en el lado erróneo de la cadena alimentaria, no encontrarse en el indeseable papel de convertirse en la sabrosa cena de otro. En la naturaleza salvaje de la sociedad humana, prevenir un ataque supone no convertirse en la presa emocional de otra persona, o en la clase de acontecimiento negativo que permite a otro relamerse con sus trozos. Las ocho estrategias que utilizan todos los animales para defenderse contra un ataque se comprenderán mejor al descomponerlas en tres categorías, definidas por su enfoque con respecto al conflicto: prevención, subordinación y agresión.

Prevención

Si plantear batalla supone depender de habilidades que no están bien desarrolladas, quizá la mejor estrategia para evitar que se produzca un ataque sea la de no estar presente. Los animales que utilizan una de las estrategias de prevención descubren que, al reducir el riesgo, aumentan las probabilidades de supervivencia. Las estrategias de prevención están destinadas a disminuir la exposición y llevar un estilo de vida aislado o, al menos, a aislarse de los animales pertenecientes a las especies depredadoras.

Las estrategias de prevención llevan a los animales a adoptar dos tácticas evasivas: ser muy buenos evasores o aprender a mimetizarse tan bien que otros no puedan verles. Ambas estrategias exigen limitar la actividad. Uno de los rasgos comunes de la mayoría de animales que utilizan las estrategias de prevención es que, en cuanto se enfrentan directamente con el conflicto, lo primero que hacen es quedarse totalmente inmóviles, como petrificados, con la esperanza de no ser descubiertos. Los animales que son evasores o que se mimetizan suelen ser presas fáciles si se les descubre antes de que puedan emplear esta defensa.

Ser buenos en el empleo de técnicas evasivas significa limitar el contacto con el mundo exterior, retirándose de él o siendo muy rápidos para alejarse en cuanto surge el conflicto. Animales como el topo viven bajo tierra porque no tienen habilidades para correr o luchar sobre ella. Han desarrollado unas patas delanteras fuertes, dotadas de grandes garras para excavar y un espeso pelaje protector y han aprendido a vivir de lombrices e insectos que viven bajo tierra. Sus grandes garras no les permiten correr con rapidez, de modo que evitan los problemas al no estar allí donde los depredadores puedan encontrarlos. El conejo ha desarrollado sentidos muy agudos, un tiempo de reacción rápido y una gran velocidad, con la habilidad para cambiar instantáneamente de dirección. Al alejarse velozmente, escapa del ataque. Estos dos evasores se retiran, en lugar de afrontar la lucha. Los evasores humanos reducen la presión aislándose o bien alejándose con rapidez de las situaciones de conflicto. Echarán a correr para escapar, se pueden dejar llevar fácilmente por el pánico y llegan a sentirse paranoicos con respecto al mundo exterior. Los evasores humanos son buenos para establecer ambientes relajados y quizá sean la pareja perfecta para una persona muy ambiciosa, que mantenga mucho estrés en sus vidas.

Los animales que se confunden con su ambiente tienen que limitar sus movimientos si no quieren arriesgarse a ser descubiertos. El camaleón cambia de color, dependiendo del ambiente en que se encuentra, pero si hubiese un pájaro en las cercanías, es posible que no se mueva durante horas. Los insectos como el bastón llegan a estar tan bien adaptados para confundirse con su ambiente que ni siquiera se puede detectar en ellos un pequeño movimiento realizado contra el trasfondo adecuado, como un árbol. Estos mimetizadores se integran tan bien en el ambiente que les rodea que hasta las presas de las que se alimentan podrían pasar por delante de ellos sin darse cuenta de su presencia. Los mimetizadores humanos poseen una habilidad extraordinaria para adoptar las características de las personas que les rodean o para hacer lo que sea necesario para integrarse en cualquier ambiente. Despliegan un camuflaje de comportamiento que les protege de quedar expuestos ante los demás, y de un camuflaje emocional que les protege de sus propios sentimientos. Al quedar expuestos, se sienten extremadamente vulnerables y pueden caer en estados de desamparo, quedando a menudo paralizados, como petrificados. Son grandes seguidores y miembros de equipos, capaces de mantener una actitud muy esperanzada en una situación nueva en la que otros no se sienten tan seguros de sí mismos. Los mimetizadores son buenos compañeros para la persona competitiva y enérgica a la que le gusta tomar todas las decisiones. Se adaptan bien a trabajos que exijan una fuerte aceptabilidad social, como la política y el servicio al cliente.

Subordinación

En ocasiones, protegerse de un ataque depende de relacionarse con animales de la misma especie o de otra. Se crea así una relación dependiente o interdependiente que promueve un aumento del potencial para la supervivencia, tanto individual como conjunta. Eso exige una subordinación de las necesidades por parte de uno o de ambos animales.

Las estrategias de subordinación conducen a tres tácticas diferentes. La subordinación de un animal a otro implica el establecimiento de una relación dependiente en la que uno se halla vinculado al otro. En este caso, hay un animal huésped que se ocupa de cubrir las necesidades de ambos. Cuando los dos animales se subordinan, crean una relación mutua en la que se afrontan conjuntamente los peligros. Cuando se da la subordinación de un animal al resto de su especie (o, a veces, fuera de ella), el animal en cuestión satisface sus propias necesidades únicamente a través de la satisfacción de las necesidades de los demás.

Cuando un animal se subordina por completo a las acciones de otro animal huésped, a veces consideramos esa relación como si se diera en un solo sentido, en la medida en que el animal dependiente contribuye poco o nada a su huésped. El pez payaso, por ejemplo, vive dentro de los tentáculos de la anémona, sacrificando su habilidad para moverse de un lado a otro con independencia, a cambio de la protección del veneno de su anfitriona. El pez rémora tiene unos discos especiales de succión que le permiten adherirse a una ballena o a un tiburón, de modo que puede alimentarse de los restos de comida dejados por su huésped. Casi cien polillas del perezoso pueden vivir en el denso pelaje de este animal, alimentándose de sus heces. Estos «pegadizos» descubren que la mejor manera de sobrevivir consiste en alimentarse de la carroña dejada por otro animal o convertirse en parásitos, que dependen de otro animal para su alimentación y cobijo. Los pegadizos humanos dependen de otra persona que les proteja y les ayude a afrontar los desafíos de la supervivencia. Superficialmente, parece que ofrecen poco a cambio, pero algunas de las más intensas emociones humanas proceden de relaciones establecidas con personas pegadizas. Del hecho de cuidar uno del otro se deriva un calor especial y unos fuertes sentimientos de logro. Cuando la estrategia del pegadizo no funciona, éste se siente abandonado y desposeído. Son buenos compañeros para la persona a la que le encanta cuidar de los demás y cuyo ego se siente halagado cuando son capaces de sentirse protectores y con el control de la situación.

Cuando los dos animales se subordinan el uno al otro nos encontramos ante el escenario adecuado para una alianza de supervivencia. En los trópicos se observa a ejércitos de hormigas, compuestos por cientos de miles de insectos que marchan en busca de comida, con una biomasa combinada que les permite alimentarse de animales muchas veces más grandes de lo que cualquier hormiga podría conquistar por sí sola. El perro primitivo se combinó con el hombre para utilizar los sentidos más desarrollados del animal para cazar juntos con una mayor efectividad de lo que podría conseguir cualquiera de las dos especies por sí sola. En la sabana africana, grupos de mangostas se turnan para cuidar de los pequeños y cualquier madre con leche amamantará a cualquier cachorro de mangosta. Estos combinadores aprendieron que el poder de juntarse supera aquello a lo que tienen que renunciar para formar parte del grupo. Los combinadores humanos andan siempre a la búsqueda de formar equipos y desarrollar la cooperación con otros, en beneficio mutuo. Son magníficos a la hora de compartir y conseguir que la gente que no elude sus responsabilidades dentro del grupo se sienta bien recibida. No obstante, cuando la combinación no funciona en beneficio propio, se pueden sentir alienados del mundo y empiezan a elegir bandos. Son una buena pareja para personas que sean también muy sociables y que estén orientadas hacia el trabajo en equipo.

Cuando un animal subordina sus propias necesidades por el bien de muchos otros, lo llamamos altruismo. Es un proceso interno de subordinación muy diferente al que sigue el pegadizo o el combinador. Las abejas obreras estériles, que no tienen capacidad para reproducirse, se sacrifican a menudo para que otras abejas puedan hacerlo. Ciertas ardillas producen varias veces un sonido de alarma para alertar a otras ardillas de que se aproxima un depredador, aun cuando eso aumenta la probabilidad de convertirse en la cena del depredador. Estos cuidadores rechazan claramente la idea de que la supervivencia sea un acto egoísta. A los cuidadores humanos les parece que, incluso en tiempos de crisis, la mejor forma de enfocar la realización de sus necesidades consiste en ocuparse antes de las necesidades de los demás. Muestran mucha empatía y una tendencia a necesitar muy poco a cambio. Quizá se sientan culpables cuando satisfacen las propias necesidades o cuando su supervivencia se ve amenazada y necesitan de la ayuda de otra persona. Los cuidadores forman buenas parejas con personas fuertemente centradas en sí mismas.

Agresión

Los animales que utilizan estrategias de supervivencia que no dependen de la prevención, como los evasores y los mimetizadores, o estrategias basadas en la subordinación a otros, como los pegadizos, combinadores y cuidadores, se fiarán indudablemente más de los medios agresivos para afrontar los problemas y procurarse seguridad. Estos métodos incluyen la disuasión, la competición y el ataque. Estas tácticas agresivas se distinguen por el momento en que se emplean, así como por el objetivo y la actitud utilizadas en el lanzamiento de la agresión.

Los animales que dependen de la disuasión utilizan la agresión mostrándose repugnantes, detestables o asquerosos, con tal de evitar que un depredador se pueda interesar por ellos. Afirman su presencia de una forma con la que esperan disuadir al otro de un ataque. El pez globo traga agua para transformarse en un gran globo espinoso que asusta a un depredador. La mofeta lanza un chorro de olor pútrido a la cara del depredador. Estos afirmadores le muestran al agresor lo que le espera, indicándole así que harían mejor en buscarse la cena en otra parte. Los afirmadores humanos tienen que demostrar su fortaleza desde el principio y actuar para evitar cualquier situación negativa antes de que se inicie. En situaciones de crisis, llegan a ser muy buenos a la hora de mantener a todo el mundo a raya y organizado. También suelen enojar a la gente al mostrarse demasiado controladores o al repeler a aquellas personas que se les acercan demasiado. Forman buenas parejas con personas que sean dóciles y suaves y a las que les guste que algún otro se haga cargo del control.

Si la supervivencia fuese un juego, algunos animales destacarían con claridad. Les gusta competir con otros animales por los recursos y la victoria les resulta particularmente satisfactoria. El zorro vigila a otros animales que cobran una pieza, en busca de una oportunidad para arrebatársela y alejarse con ella. La hiena parece reír cuando la manada arrebata la carroña a otro depredador. Algunos monos juegan con depredadores que los persiguen, alejándose con rapidez, para luego volver a acercarse, como para demostrar que se les puede atrapar. Los jugadores afrontan sus desafíos tratando de ganarles la partida a los demás para obtener unos recursos limitados, acabando así con la competencia. Desean ganar en el juego de la supervivencia. A los jugadores humanos les encanta el poder que se deriva de afrontar un desafío. También compiten como si participaran en un juego en el que tienen que vencer a otras personas. Si pierden suelen inclinarse por demostraciones de envidia o buscan venganza. Son mejores compañeros para personas no competitivas, que se sientan remisas a aceptar desafíos.

Luego está el atacante. Para el atacante, toda la vida es una amenaza que tiene que afrontarse de inmediato. Si se entra en el territorio de un lobo glotón, verá que éste se presentará de inmediato con actitud amenazadora. El pez luchador siamés despliega una panoplia de color cuando se enfrenta con otro pez macho, preparándose psíquicamente para la inevitable lucha a muerte. Estos atacantes no buscan ganar o disuadir al contrario, sino que intentan eliminarlo. Los atacantes humanos afrontan los problemas lanzándose hacia ellos de cabeza y se ponen a trabajar inmediatamente en hallar las soluciones. Suelen ser muy persistentes y cubren todas sus bases. Su supervivencia depende de la erradicación de la amenaza y de la neutralización de todos los factores que puedan conducir a una recurrencia. En los malos tiempos, pueden ser luchadores encarnizados y maltratadores, llenos de cólera y odio. Pueden ser las personas que nunca se detienen, que nunca admiten un error. Son mejores como parejas de personas más pasivas, a las que no les importe depender de otros en momentos de estrés.

Lo más probable es que, durante la lectura de las páginas precedentes, se haya dedicado a formarse imágenes mentales de personas a las que conoce, del pasado y del presente, y que encajan en cada una de las categorías descritas. Habrá pensado probablemente en su madre y en su padre, en su mejor amigo, en la mujer o en el hombre maltratador con el que salió alguna vez, en su pareja, en su jefe y quizá incluso en el dependiente del cercano supermercado. Y, sin embargo, tendrá la impresión de no encajar en ninguna de las categorías; lo cierto es que habrá utilizado cada una de esas estrategias en algún momento de su vida. Claro que un conejo es lindo, el zorro es elegante y el león es el rey de la jungla, pero,

¿quién quiere ser la polilla de un perezoso, dedicada a alimentarse de heces, o vivir bajo tierra como un torpe topo de garras grandes, o repeler a los demás como una maloliente mofeta? Es cierto que puede pertenecer parcialmente a varias categorías, pero aquí buscamos las formas fundamentales que emplea para enfrentarse al mundo y a sus desafíos para lograr la supervivencia. ¡Su mejor amigo, su madre y su ex no tendrían el menor problema en identificar a la bestia que lleva usted dentro!

Ha llegado el momento de contestar al cuestionario que le permitirá descubrir su principal estrategia de supervivencia y quizá unas pocas más que sean secundarias. Luego podrá leer sobre datos y aspectos de la bestia que lleva dentro y de la que llevan quienes le rodean. Aprenderá así a alimentar a esa bestia que lleva dentro y a sentirse más feliz. Aprenderá a hacer más efectivos sus instintos animales y a dirigir su vida por las direcciones que usted mismo elija. Incluso obtendrá alguna percepción sobre qué dirección le convendría más. Y se le mostrará cómo la bestia que lleva dentro puede interactuar cuando se enamora de la bestia que vive en la casa de al lado.

Personalidad	Instinto	Tipo de animal
Evasor	Echa a correr o se oculta del peligro	Conejo
Mimetizador	Se acomoda a cualquier situación	Camaleón
Pegadizo	Depende de los demás	Pez rémora
Combinador	Se une con los demás	Perro
Cuidador	Ayuda a los demás	Delfín
Afirmador	Disuade del ataque, ejerce el control	Puercoespín
Jugador	Gana a los demás	Zorro
Atacante	Lucha contra los demás	Lobo glotón

El cuestionario de sus hábitos como criatura

Sea la bestia

En una escala de 1 a 5, sitúe las frases siguientes que completan las afirmaciones que se hacen, siguiendo el orden con el que esté más de acuerdo, de modo que 1 represente la frase con la que esté más de acuerdo y 5 la frase con la que esté menos de acuerdo. Compruebe que califica las cinco respuestas. No otorgue la misma numeración a dos respuestas. Sea sincero. Es posible que algunas respuestas le parezcan más agradables que otras, pero responda de acuerdo con lo que piensa realmente o con la forma en que se comportaría en una situación dada.

Una vez sumados los valores asignados a cada respuesta correspondientes a cada instinto animal, la cifra resultante más baja de los ocho instintos será la que con mayor propiedad le corresponderá a usted y la que mejor definirá la tendencia preponderante de su personalidad, seguida por el segundo y el tercer instinto animal como las cifras más bajas siguientes (*véanse* las págs. 48-49).

❶ **Cuando una persona que le importa le hace una crítica negativa con la que no está de acuerdo o que no quiere escuchar, ¿cuál es su reacción más probable?**
(Calificar de 1 a 5).
   a) _____ Discutir y tratar de demostrar que está equivocada.

La estrategia del camaleón

b) _____ Criticarla a ella a su vez.
c) _____ Escucharla y darle las gracias por ser sincera conmigo.
d) _____ No decir nada.
e) _____ Pedir disculpas.

❷ **Si se le encarga realizar un gran proyecto, ¿qué haría lo más probablemente?**
(Calificar de 1 a 5.)
a) _____ Empezarlo inmediatamente.
b) _____ Dedicar mucho tiempo a organizarlo mentalmente antes de empezar.
c) _____ Darle largas durante todo el tiempo que pueda, hasta el último minuto.
d) _____ Encontrar a alguien con quien trabajar.
e) _____ Conseguir muchos consejos acerca de cómo hacerlo correctamente.

❸ **Al afrontar la muerte de un ser querido, de alguien sobre quien tiene la sensación de que podría estar vivo si se hubiera cuidado mejor, lo más probable es que:**
(Calificar de 1 a 5.)
a) _____ Trate de ayudar a todos con sus emociones.
b) _____ Me aleje de la gente para no decir nada erróneo.
c) _____ Me enoje un poco con esa persona.
d) _____ Acuda a todos los servicios religiosos y cumpla con mi deber para con la familia.
e) _____ Aproveche el funeral para ver a un montón de gente a la que no he visto en un tiempo.

❹ **En las relaciones sentimentales, usted suele:**
(Calificar de 1 a 5.)
a) _____ Ser el que hace los planes sociales.
b) _____ Ser más un seguidor.
c) _____ Ser el que más ofrece a su pareja.
d) _____ Le gusta pasar todo su tiempo junto a su pareja.

e) _____ Le gusta un poco de desafío.

❺ En el trabajo, suele ser:
(Calificar de 1 a 5.)
a) _____ Aquel al que todos cuentan sus problemas.
b) _____ Aquel al que acuden todos cuando necesitan una idea.
c) _____ Aquel al que los demás piden ayuda cuando andan retrasados.
d) _____ El que organiza los momentos de descanso y los almuerzos.
e) _____ Aquel al que acuden los demás cuando necesitan motivarse.

❻ Para usted, una velada divertida con su pareja sería:
(Calificar de 1 a 5.)
a) _____ Magníficos asientos en un buen espectáculo deportivo.
b) _____ Salir una noche con unos amigos.
c) _____ Quedarse en casa viendo una película, ante una chimenea encendida y con una cena romántica para dos.
d) _____ Llevar a los niños a ver su primera película (si los tuviera).
e) _____ Salir para ir al cine o a un espectáculo teatral.

❼ Después de haber esperado durante bastante rato en una cola, si un empleado parece darle deliberadamente el cambio incorrecto a usted o a su pareja, tratándose de una pequeña cantidad, lo más probable es que usted:
(Calificar de 1 a 5.)
a) _____ Lo ignore puesto que sólo se trata de una pequeña cantidad.
b) _____ Le diga al empleado que lo ha pillado y le pida de malas maneras que le devuelva la cantidad correcta.

c) _____ Espere a que su pareja diga algo, en el caso de que también se haya dado cuenta.
d) _____ De al empleado alguna indicación para que pueda corregirlo por sí mismo.
e) _____ Pedirle al empleado que cuente de nuevo el cambio, con usted.

8 Con respecto a su sentido del humor, usted:
(Calificar de 1 a 5.)
a) _____ Se ríe prácticamente con todos los chistes.
b) _____ No soporta las bromas o comentarios que puedan causar daño a los sentimientos de alguien.
c) _____ Le gusta mucho el sarcasmo y la sátira mordaz.
d) _____ Le gusta participar en una buena broma.
e) _____ Le gustan los acertijos y los juegos de palabras.

9 Al escuchar chismorreos que no le gustan o que le parecen dañinos:
(Calificar de 1 a 5.)
a) _____ Siente pena por la persona de la que se está hablando.
b) _____ Intenta motivar a quienes chismorrean para que se detengan porque es dañino.
c) _____ Regaña verbalmente a los que chismorrean por difundir rumores.
d) _____ Sigue con sus cosas.
e) _____ Escucha amablemente, pero únicamente repite el chismorreo si le preguntan.

10 Está convencido de que la mejor forma de hacer algo es:
(Calificar de 1 a 5.)
a) _____ Aquella con la que se consiga más éxito.
b) _____ La que beneficie a una mayoría de gente.
c) _____ Dejar que el grupo implicado decida cómo actuar.
d) _____ Que todos sigan a la persona que más sepa del asunto.

Cuestionario de sus hábitos como criatura

e) _____ Empezar de inmediato y elaborar a medida que se avanza.

⓫ Lo que más le gustaría es:
(Calificar de 1 a 8.)
a) _____ Vivir en plena naturaleza y dejar que el mundo libre sus propias batallas.
b) _____ Vivir con muchos amigos y formar una fuerte comunidad.
c) _____ Tener una relación a la que dedicarse por completo.
d) _____ Vivir y trabajar con los demás para progresar en el mundo.
e) _____ Producir un gran impacto al ayudar a muchas personas necesitadas.
f) _____ Realizar algo importante, como escribir un libro.
g) _____ Ser famoso por algo, una persona que destaca.
h) _____ Que los demás lo vean como una persona con éxito que hizo las cosas a su manera.

⓬ Desde su punto de vista personal, se considera a sí mismo como un:
(Calificar de 1 a 5.)
a) _____ Atacante.
b) _____ Jugador.
c) _____ Afirmador.
d) _____ Cuidador.
e) _____ Combinador.
f) _____ Pegadizo.
g) _____ Mimetizador.
h) _____ Evasor.

La estrategia del camaleón

Anote el valor asignado al número de cada pregunta bajo el tipo animal y sume los totales al final.

Evasor	Mimetizador	Pegadizo	Combinador
1d _____	1c _____	1e _____	1c _____
2e _____	2d _____	2e _____	2d _____
3b _____	3d _____	4d _____	3e _____
5e _____	4b _____	6c _____	4a _____
6c _____	6e _____	7c _____	7e _____
7a _____	8a _____	8a _____	8d _____
9d _____	9e _____	9e _____	9b _____
10d _____	10d _____	10d _____	10c _____
11a _____	11b _____	11c _____	11d _____
12h _____	12g _____	12f _____	12e _____

Totales: _____ _____ _____ _____

Lea:

Capítulo	4	5	6	7
Páginas:	51-66	67-86	87-102	103-118

Cuestionario de sus hábitos como criatura

Anote el valor asignado al número de cada pregunta bajo el tipo animal y sume los totales al final.

Cuidador	**Afirmador**	**Jugador**	**Atacante**
1c _____	1b _____	1a _____	1a _____
3a _____	2a _____	2b _____	2a _____
4c _____	4a _____	4e _____	3c _____
5a _____	5c _____	5b _____	5c _____
6d _____	7b _____	6a _____	7b _____
8b _____	8c _____	7d _____	8c _____
9a _____	9c _____	8e _____	9c _____
10b _____	10a _____	10a _____	10c _____
11e _____	11f _____	11g _____	11h _____
12d _____	12c _____	12b _____	12a _____

Totales: _____   _____   _____   _____

Lea:

Capítulo	8	9	10	11
Páginas:	119-134	135-148	149-163	165-178

Capítulo 4

De topos y hombres
El evasor

En la película *Los caballeros de la mesa cuadrada* de los Monty Python fue un conejo el que defendió la cueva de Caerbannog. Cuando los caballeros, cubiertos por sus armaduras, se acercan a la cueva, la astuta y pequeña criatura peluda da un salto en el aire y les rebana los pescuezos para proteger el secreto del grial, que está oculto en el interior de la cueva, e impedir que lo descubran. Con la mayoría de los demás animales, la escena habría sido bastante horrible, ya que los caballeros van de un lado a otro arrojando sangre por los cuellos. Pero el conejo hizo que la escena fuese divertida y memorable. Observar a esta criatura manteniendo una actitud agresiva y defendiendo su terreno provocó risas histéricas entre el público. Habitualmente, los conejos echan a correr y se ocultan. Se alejan precipitadamente de cualquier amenaza, poseen una tremenda maniobrabilidad y sentidos muy aguzados que les advierten de cuándo ha llegado el momento de salir corriendo, ocultarse en su madriguera o buscar protección entre las hierbas altas. La agresión no forma parte de sus instintos animales, no pertenece a su naturaleza. En consecuencia, resulta absurdamente divertido verla.

Heidi asistió a una clase de entrenamiento en actitudes afirmativas para poder afrontar las exigencias de los colaboradores increíblemente competitivos de su empresa. Iba a tener que decirles lo que pensaba en lugar de esconderse en su despacho. Iba a tener que aprender a levantarse en una reunión del consejo de administración y sentirse segura de sí misma, en lugar de notar cómo le sudaban las palmas de las manos y guardar silencio. Se había cansado de tener miedo de la presión emocional y dejar que la empujaran en la oficina. Era magnífica cuando escribía algo, una excelente organizadora, pero tenía la sensación de que necesitaba que la escucharan más. Cuando finalmente aprovechó la oportunidad para demostrarles a todos la nueva Heidi y se involucró en un debate sobre política, habló de un modo casi incoherente y le falló la voz. Si sus colaboradores no conocieran y no hubieran visto el lado literario de Heidi, puesto de manifiesto en sus memorandos y propuestas, su actitud les habría parecido extraña, estúpida o divertida. Pero, en lugar de eso, se dieron cuenta de que simplemente actuaba en contra de su naturaleza y que «no era ella misma». Heidi regresó a su despacho y se prometió no permitir nunca más que emergiera de nuevo aquel repugnante entrenamiento para afirmarse a sí misma.

Los evasores mantienen una relación muy especial con el estrés y la presión. ¡La detestan! No es que les parezca molesta o agotadora, sino que la odian. El evasor ve amplificada la capacidad para provocar pánico que suelen tener las multitudes excesivas, las responsabilidades, los formularios, los embotellamientos de tráfico, los impuestos y todas aquellas cosas que provocan estrés en todo el mundo.

Generalmente, los evasores utilizan dos tipos de estrategias para escapar de las tensiones y presiones del mundo. Son los topos. El topo elige una vida de aislamiento, en la que se desplaza a través de túneles subterráneos para evitar las amenazas que acechan en la superficie. Es extremadamente lento y no podría ganarle una carrera a ningún otro animal que lo percibiera como un suculento bocado para la cena. Se alimenta de una monótona dieta a base de insectos y lombrices que encuentra bajo tierra. Los topos humanos también evitan el contacto con todo posible peligro, creándose un tipo de vida relativamente libre de estrés y permaneciendo alejados de los lugares donde se sienten incómodos. Lo mismo que Heidi, pueden ser intelectual o emocionalmente lentos cuando se sienten presionados. Es posible que ganen un salario más bajo que sus iguales, ya que prefieren no someterse al estrés que supone ganar más. No suelen acudir a los lugares donde haya mucha gente y tienen cuidado a la hora de aceptar compromisos o no se unen a organizaciones sociales por temor a despertar expectativas de las que puedan derivarse presiones. Suelen vivir un poco al margen de la corriente principal y hasta pueden cambiar de lugar un par de veces en la vida cuando empiezan a sentir que las cosas están empantanadas. Internet ha sido el gran invento para el topo, ya que les permite mantener una vida social interesante y segura, al mismo tiempo que permanecen relativamente aislados y protegidos.

Luego están los evasores que viven vidas sociales bastante normales, pero que han desarrollado fuertes defensas que les indican cuándo ha llegado el momento de echar a correr. Los antílopes son perfectos ejemplos de este tipo de evasor. Son los más rápidos de entre todos los cuadrúpedos, suelen viajar amparándose en la seguridad de la gran manada y tienen el característico ojo a cada lado de la cabeza, común en la mayoría de los animales de presa, de modo que pueden ver en todas direcciones. Tienen habilidad para correr durante largo rato y pueden doblarse y girar a alta velocidad, lo que les hace muy evasivos. A un león o a una hiena solitarios les costará mucho trabajo cazar a uno de ellos, ya que les ganan en la carrera y resisten los breves esfuerzos de los depredadores solitarios. Los antílopes humanos se dan cuenta inmediatamente de cuándo una relación empieza a plantearles exigencias e inician entonces un juego de tira y afloja para alterar las expectativas; en un momento determinado se entregan y son cariñosos y al momento siguiente se muestran fríos y aislados. Lo mismo que sucede con el antílope, su pareja no sabe cuál será la dirección que seguirá a continuación. Se pasan la vida tratando de mantenerse a una distancia razonable de las tensiones. Cuando se produce un acontecimiento estresante en sus vidas, buscan la ruta de escape más fácil, tratando de encontrar alguna parte hacia la que echar a correr o donde ocultarse hasta que pase el conflicto.

Aunque quizá se pregunte por qué desear tener a personas así alrededor, lo cierto es que son muy valiosos en diversas formas, especialmente si han desarrollado sus habilidades hasta el punto de que pueden suponer una ventaja para todos. Los evasores suelen tener excelentes habilidades organizativas porque se dan cuenta de que, al controlar cosas como las cuentas bancarias y las previsiones de impuestos, reducen la presión que tendrán que soportar después. Manejan muy bien los trabajos repetitivos y son particularmente excepcionales cuando se les da una gran cantidad de atención y amor incondicional. Son excelentes maestros para los niños pequeños y suelen funcionar bien en situaciones que sean predecibles y en las que puedan tener el control. Tienen como un «radar antiestrés» que les proporciona una muy valiosa ventaja cuando se trata de sobrevivir en la jungla de la existencia humana. Pueden ayudarle a desprenderse del estrés que haya en su vida, particularmente si tiene usted tendencia a aceptar demasiados desafíos al mismo tiempo.

Cómo funciona la evasión

Superficialmente, el mecanismo de la evasión es muy fácil de comprender: si algo causa dolor o si es probable que lo provoque, hay que ocultarse y alejarse. Son los mecanismos de evasión de nuestra especie los que nos hacen retirar la mano cuando tocamos una estufa caliente. Son los mecanismos de evasión de nuestras mentes los que nos ayudan a bloquear detalles no esenciales de acontecimientos traumáticos. Y es el mecanismo de evasión de nuestra intuición el que nos permite saber retirarnos cuando aparece el peligro, a veces sin saber qué es exactamente lo que percibimos.

Recientes estudios realizados con las orcas de la Antártida sugieren que puede haber dos tipos diferentes de esa especie, o quizá dos especies diferentes. Uno de ellos parece viajar en familias o grupos y alimentarse principalmente de peces y calamares en las aguas heladas. El otro tipo suele desplazarse en solitario y prefiere devorar pingüinos o pequeños mamíferos marinos, como focas.

A los fotógrafos y científicos que han dedicado muchas horas a estudiarlas, se les presiona para que sean capaces de distinguir entre los dos tipos de orcas. Pero los pingüinos conocen muy bien la diferencia: permanecen sobre el hielo y nunca se meten en el agua con un determinado tipo de orca cerca, mientras que nadan libremente con la otra. Al margen de lo que sus sensibilidades incorporadas en su pequeño cerebro les indiquen sobre las orcas, lo cierto es que su eficacia es muy superior a la del ojo, el cerebro y la cámara fotográfica humanas. Pues bien, los evasores disponen de ese radar especial para saber cuándo hay peligro.

La primera fase de la evasión es a veces inexplicable. Llámese intuición, paranoia o, simplemente, una sensación extraña en la boca del estómago, lo cierto es que a veces aparece ya en las primeras fases del proceso, creando así un estado de alerta. No se trata sólo del estado de agitación por el que pasa el cuerpo muchas veces al día, sino que en este caso se percibe una cierta incomodidad o inquietud. En toda respuesta al estrés existe una agitación fisiológica que tiene como consecuencia un aumento de la presión sanguínea, de los latidos del corazón, de la producción de ácidos estomacales, una contracción de los músculos, un bombeo de adrenalina y hasta una mayor actividad eléctrica en la piel. Si el estrés lo produjo el simple hecho de doblar una esquina, no nos preocupamos por eso. Si surge debido al sexo, podemos sentirnos incluso muy bien. Examinamos ese estado de excitación y tratamos de explicarlo, pero a veces no podemos. Los evasores asocian la incomodidad y la inquietud con los acontecimientos inexplicados que se producen en el estado de agitación y con la sensación de haber perdido el control. Esa sensación puede desencadenarse, simplemente, por el hecho de tener que rellenar un formulario, hablar con el jefe, encontrarse delante de un grupo de personas a las que se tiene que presentar un proyecto o un producto o incluso ante la cercanía de otra persona.

La evaluación es la segunda fase en la que el evasor efectúa una interpretación de la agitación que siente y de su falta de control, calificándola como un proceso negativo. Al evaluar la agitación, el evasor dice, simplemente: «Esto es algo malo, o algo que puede tener malas consecuencias». A medida que esa frase se incrusta en su cerebro, después de muchas repeticiones, el evasor se siente cada vez menos cómodo con su situación y empieza entonces el proceso de crear temor.

A medida que aumenta el temor, el evasor tiene que llevar a cabo una segunda evaluación. Entonces, se pregunta: «¿De qué valores dispongo para superar esta situación?». El conejo o el topo tienen la capacidad para reconocer automática y exactamente que no están equipados para luchar contra un depredador. En los animales humanos, en cambio, esta segunda evaluación se refiere al Yo. Muchos evasores no tienen la autoestima necesaria como para responder positivamente a una pregunta sobre sus valores. Muchos de ellos han experimentado fracasos en el pasado que les han inducido a cuestionarse sus propios valores. Los evasores se ven afectados, más que en ninguna otra estrategia de supervivencia, por su historial de fracasos y por la incomodidad que sintieron cuando no lograron alcanzar éxito en algo. Se toman todo fracaso mucho más en serio que cualquier otra persona y empiezan a crear ciclos de temor con mucha mayor facilidad.

A continuación, el evasor llega a la conclusión de que no puede afrontar adecuadamente la situación y de que saldrá herido si trata de actuar, en lugar de retirarse. A menudo, el ciclo del temor se intensifica hasta convertirse en verdadero terror, ya que exageran el aspecto de la situación que creen que les hará daño. Es como si convirtieran simples colinas en altas montañas. La intensificación de los sentimientos constituye la fase final del proceso, antes de la retirada. El evasor elimina todos los aspectos positivos de la situación en que se encuentra y empieza a desgarrarlo todo con su negatividad, para justificar su alejamiento y, así, reducir la sensación de temor y de terror.

Una vez que se ha retirado, el evasor puede volver a relajarse y, entonces, disminuye el estrés. A menudo, los evasores que mejor funcionan empiezan a ver los aspectos positivos del lugar o de la persona a la que acaban de abandonar. Pueden ser entonces más realistas respecto de aquello a lo que se enfrentan y muchos llegan a tomar medidas adicionales para evitar que se vuelva a producir su reacción inicial. El hombre que, en una relación sentimental, se siente incapaz de ir más lejos que salir con la chica, empieza a echar de menos las partes buenas de sentirse conectado con alguien y es posible que la próxima vez intente acercarse más. La mujer que teme el descontrol de su situación financiera puede llegar a ser meticulosa en su contabilidad personal, para evitar que la situación vuelva a producirse. Lamentablemente, lo que también sucede es que tienen un nuevo recuerdo del fracaso y de la situación de temor. El proceso de evasión puede producirse entonces con mayor rapidez en una siguiente ocasión, ya que han desarrollado nuevas pistas para crear temor. Todo pequeño incidente que condujo a la situación de la que acaban de escapar se añade a la memoria, lo que puede desencadenar con mayor rapidez una reacción de agitación en una siguiente ocasión.

El conejo lleno de energía: ventajas del evasor

El alto nivel de energía de Judy fue la clave que le permitió convertirse en una de las mejores productoras de la empresa de corredores de bolsa para la que trabajaba. Era capaz de detectar una venta potencial a miles de kilómetros de distancia y, cuando la detectaba, se lanzaba a por ella. Disfrutaba de una vida social que le resultaba muy familiar, muy activa, con mucho movimiento en todo momento y era una buena amiga para todos. Era siempre la que animaba la fiesta, la más hermosa del baile y la casamentera, querida por todos y motivadora de todos. Pero, en ocasiones, el ritmo de su vida se escapaba un poco de su control. Demasiada actividad, combinada con el hecho de que había mucha gente que no hacía lo que se esperaba de ella, a la que se añadía un poco de rechazo, amenazaron con hacer añicos el acelerado ritmo de actividad de Judy.

Entonces entró en escena Larry, un evasor. Llevaba la contabilidad de la empresa. Inteligente, sereno, organizado, Larry siempre parecía controlar el pequeño mundo que consideraba suyo. Instalado en un despacho situado junto al de Judy, la reina de la actividad y de las emociones, Larry la veía con frecuencia salir disparada muchas veces al día, en busca de alguna actividad que llenara los momentos entre sus momentos de actividad. Hasta que Judy se detenía, preparada para dejarse caer. Cuando el desmoronamiento ya era casi inminente, entraba en el despacho de Larry, se dirigía al viejo y familiar sillón que había frente a la mesa, se sentaba e inmediatamente se relajaba en su presencia. A menudo, él hacía bien poca cosa más que estar allí y Judy se marchaba al cabo de un rato, más calmada, para regresar a trabajar con mayor eficiencia. En ocasiones, Larry le ofrecía consejos muy básicos y lógicos sobre la necesidad de disminuir el ritmo, de no preocuparse o, simplemente, decía una frase que situaba las cosas en su debida perspectiva. Nunca trataba de controlar a nadie, nunca discutía, jamás chismorreaba y en ninguna ocasión se inmiscuyó en los problemas de los demás. Su despacho era visitado cada día por Judy, sus colaboradores o incluso los jefes y todo el mundo se marchaba de allí sintiéndose mejor y alcanzando un mejor rendimiento. La empresa funcionaba más suavemente, a pesar de que nadie comprendía realmente qué papel jugaba Larry en que ello fuera así.

De algún modo, nuestro mundo ha equiparado satisfacción con logro, actividades variadas con llevar una vida en la que hayan muchas opciones. Las personas que más consiguen en la vida, sin embargo, no son precisamente las más felices; las actividades variadas sólo parecen proporcionar felicidad si no complican la vida y disponer de demasiadas opciones suele producir confusión y depresión en muchas personas. Hemos llegado a creer que el acto de la evasión tiene algunas connotaciones negativas en todas las situaciones. Lo cierto es que eso no se parece en nada a la realidad.

Larry comprendía la perspectiva y resaltaba una pequeña cantidad de cosas buenas en su vida. Sabía que no debía añadir a ella nada que pudiera causarle estrés. Se sentía orgulloso de concebirse como un hombre sencillo, con necesidades y expectativas simples en la vida. Era magnífico realizando un trabajo rutinario y repetitivo, precisamente porque era predecible y controlable.

El topo es un animal muy simple. Come, no causa daño a nadie y forma fuertes lazos familiares. Ante las complicaciones, uno quisiera disponer de un topo que ayudara a mantener la debida perspectiva. También se quisiera un topo cuando se tiene que realizar una tarea que pueda ser un poco repetitiva para la mayoría de la gente, o cuando se quieren encontrar formas de reducir el estrés en la vida. Y si un topo le dice que puede estar en peligro y usted no lo ve, hará bien en mirar a todos lados antes de seguir adelante. La ventaja con la que cuenta un evasor es su aguda habilidad para percibir cualquier cosa que pueda causar estrés y superar la tentación. Si logran emparejar eso con un buen equilibrio en su vida, podrán ayudar a todas las personas que encuentren en su camino a desarrollar la debida perspectiva de las cosas.

El topo maligno: las desventajas del evasor

Pocas cosas hay más hermosas que la vista de una cierva y su cervatillo pastando en un prado iluminado por el sol, entre los bosques. Los ciervos son animales evasores que nos hacen sonreír y relajarnos sólo con mirarlos. Cuando se inicia la temporada de caza, cambian las pautas de actuación de los ciervos. La sinfonía de disparos de los cazadores pone muy nerviosos a estos animales, que permanecerán ocultos entre la espesura durante la mayor parte de las horas diurnas. Salen para alimentarse al anochecer y tienen la desafortunada costumbre de quedarse paralizados, como petrificados, antes de huir de algo que pueda ser estresante para ellos. La descripción «pareces un ciervo deslumbrado por unos faros» describe esa expresión que tienen a veces los humanos cuando se sienten tan conmocionados o asustados por algo que se quedan como paralizados, incapaces de moverse. Esa actitud es el principio de la caída de muchos evasores humanos.

Hubo muchas lágrimas cuando Jeff abandonó Nueva York para marcharse a California. Para él, fue una decisión difícil de tomar. Había mantenido una relación sentimental durante tres años, tenía un buen trabajo y había hecho muchos amigos, pero dijo que nunca tuvo la sensación de participar de aquel ritmo de vida tan rápido. Durante el año anterior, en el que empezó a considerar el traslado, las cosas habían empezado a ir realmente mal y eso le facilitó tomar la decisión de marcharse. Él y su novia se peleaban mucho porque ella deseaba un mayor compromiso. Él empezó a sentirse desdichado en el trabajo y observó que todos hablaban mucho de los dos. No pudo soportar lo que calificó como «la repugnante actitud neoyorquina» y tenía la impresión de que todos los empleados de la tienda, todos los camareros o las personas con las que hablaba por teléfono conocían su situación. La empresa en la que trabajaba inauguraba una sucursal en California y creyó que había llegado el momento de despedirse de todos y empezar de nuevo. Algunos dijeron que huía, pero Jeff se limitó a considerarlo como un cambio de aires.

Un traslado exige rellenar un montón de formularios. A menudo, los evasores sienten un gran temor ante los formularios. Cambió la dirección del correo; eso le resultó fácil: un par de líneas. Pero luego estaban los formularios fiscales con dos estados y los formularios de seguros y todas las empresas que tenían formularios especiales para casos de cambio de residencia, como tarjetas de crédito y los formularios de transferencia de la empresa. Todo eso estaba encima de su mesa. La pérdida de tiempo a causa del temor tiene rostros muy diferentes. Jeff se sentía verdaderamente enfermo cada vez que veía los formularios sobre la mesa. Cuando empezaba a rellenarlos se sentía mal y lo dejaba al cabo de muy poco tiempo.

Perdió el depósito que había entregado por su piso en Nueva York porque no rellenó el formulario para solicitar su devolución. Después de que se le pasara la fecha para que le reenviaran la correspondencia desde Correos, le cancelaron las tarjetas de crédito. No llegó a escribirles para comunicarles el cambio de dirección. Tuvo que pagar de su bolsillo a un médico particular cuando se torció el tobillo en un partido de fútbol y se dio cuenta de que no había rellenado el formulario para cambiar la compañía de seguros. Y el gobierno se quedó con buena parte de su nuevo salario para pagar los extraordinarios recargos fiscales que se le aplicaron por no haber rellenado el formulario de reintegro de impuestos.

Empezaron a aumentar sus deudas a causa de los recargos y, como consecuencia de ello, disminuyó su calificación de crédito porque no atendía al pago de sus cuentas. Y, cuando todo a su alrededor se desmoronaba por haber ignorado los formularios, observó que la gente en su trabajo solía hablar mucho unos de otros a sus espaldas. Su nueva novia también quería llegar a un mayor compromiso, y todo el mundo parecía tener aquella «estúpida actitud californiana»...

Si no se controlan, las reacciones de evasión basadas en el temor crecen como un tumor maligno sobre la calidad de vida. Se calientan a fuego lento, a la espera de ponerse a hervir y desparramar la destrucción sobre las relaciones sociales, las finanzas y el propio estilo de vida. El conejo no puede echar a correr inmediatamente y cuanto más tiempo permanezca paralizado, tantas más oportunidades tendrán los demás de que termine en la cazuela.

En la vida hay algunas cosas de las que no podemos escapar, como los desastres de la naturaleza, la muerte de un pariente o una variedad de traumas que pueden suceder en la vida de uno. Los evasores son particularmente susceptibles a la acumulación de traumas que se producen en rápida sucesión. Si la principal estrategia de supervivencia de una persona es la evasión y se le presenta una dificultad inevitable, la consecuencia más natural será el pánico y los resultados pueden ser entonces muy horrendos. Quizá el evasor intente poner pies en polvorosa para escapar, o trate de aumentar la sensación de pánico en todos los que le rodean, para provocar así un efecto de «incendio en el cine». No hay corazón ni mente en aquellos que huyen precipitadamente. Cualquiera que se interponga en su camino será aniquilado en cualquier forma que les sea posible, y quede bien claro que eso significa cualquiera, independientemente de las pasadas relaciones, la historia o el papel que se juegue en la sociedad. En igualdad de oportunidades, el evasor que escapa arrollará a cualquiera o pasará por encima de cualquier cosa con tal de escapar. Es posible que después se sienta culpable, pero no durante el proceso de escapar.

Si la retirada continúa viéndose bloqueada, aparece la paranoia. El evasor que se encuentra atrapado en una situación lucha por su vida y habrá en él una ausencia de pensamiento racional. Dejará de confiar en los demás y tendrá la sensación de que todo y todos constituyen una amenaza. Los instintos autoprotectores se intensificarán tanto que no reconocerán que alguien se preocupe por ellos. En lugar de eso, empezarán a sentirse como el antílope atrapado que se enfrenta a una muerte inminente.

Sea el conejo: guía para ser un mejor evasor

A menudo no se ven los aspectos positivos de la evasión ya que, erróneamente, la gente concede más valor a la confrontación directa. Eso es lamentable porque la gente que evita las complicaciones innecesarias de este mundo disfruta a menudo más de las cosas sencillas de la vida. Pero, más que ninguna otra estrategia, los evasores tienen que ser buenos en la prevención activa para mantener controlado su mundo, de modo que las cosas que evitan no se descontrolen y se apoderen de su vida.

Si ser un evasor constituye una parte innegable de su constitución, lo peor que seguramente puede hacer es tratar de negarlo y seguir los consejos que le den los demás para ser más agresivo y más afirmativo. Nunca llegará a ser bueno en el enfrentamiento directo, ni podrá soportar un elevado nivel de estrés o hacer cincuenta cosas a la vez. Procure que aquello que sabe hacer mejor actúe en favor suyo. Comprenda el concepto de controlar el nivel general de estrés. El estrés es acumulativo, lo que significa que el estrés nuevo se acumula sobre el viejo. Si es usted un evasor, funcionará mejor con un nivel de estrés general bajo y no cuando el estrés sea alto. El control del nivel de estrés del evasor exige:
- Prevención.
- Aceptación.
- Perspectiva.

Prevención

La prevención se refiere al desarrollo de sistemas de control antes de que se produzca una situación estresante. El perro de la pradera es uno de los maravillosos ejemplos de la naturaleza de un animal que trabaja duro para contar con una buena red preventiva. Como animal de presa que es, básicamente incapaz de protegerse a sí mismo sobre la superficie de la tierra, se construye una complicada red de túneles subterráneos para ocultarse de los coyotes y hurones a los que tanto les apetece devorarlo. En esa red subterránea de túneles, el perro de la pradera construye numerosas entradas y salidas, de modo que pueda buscar comida sobre la superficie sin hallarse nunca muy lejos de la seguridad de un agujero. La prevención se logra estableciendo las rutas de escape con antelación.

Si es usted un evasor, aprenda del perro de la pradera que la preparación por adelantado es la mejor defensa contra el estrés que muy probablemente se encontrará. Sea meticuloso con sus finanzas para no tener que afrontar los problemas que podrían producirse si se descontrolaran. Incluya los datos en un programa de ordenador con capacidad para rellenar formularios o que le facilite el rellenarlos. Procure contar con un grupo de amigos o profesionales a los que pueda llamar para que le ayuden si se siente demasiado estresado. Si cree que puede encontrarse en una situación social que le resulte bastante estresante, haga lo que pueda por adelantado para disponer de rutas de escape o incluso de un lugar al que retirarse unos pocos minutos durante un acto. La mayoría de los problemas de la vida se pueden evitar con la prevención y disponiendo de adecuadas rutas de escape. Pero, naturalmente, no podrá evitarlos todos. El objetivo consiste en facilitar la vida, no en lograr que sea perfecta.

Aceptación

La aceptación es el proceso de reconocimiento de las propias limitaciones y aceptación de alternativas al modo tradicional de manejar las cosas. Si la declaración de renta le agobia, tiene que apresurarse a contratar a un contable y tener quizá un amigo que sea bueno en esa clase de cosas para que le acompañe o incluso hable en su nombre. Si es malo rellenando formularios, confíe en un amigo al que no le importe ayudarle a rellenarlos. Si todos sus amigos organizan cenas en sus casas y a usted le aterroriza representar el papel de huésped, contrate en un establecimiento adecuado el servicio de la cena o consiga que un amigo cocine con usted o para usted.

El evasor funciona mejor cuando cuenta con una buena red social que le ayude en los aspectos burocráticos del mundo o que pueda encontrar alternativas, como contratar a alguien para realizar las tareas que a él le estresarían. Uno de los conceptos más importantes de un evasor tiene que ser el aprender a delegar aquellas responsabilidades que le producen estrés. Tiene que comprender y desarrollar la habilidad para asignar actividades estresantes a personas capaces de ayudarle. Es una cuestión de supervivencia.

Si lo que le preocupa es evitar una relación, encuentre formas de llevar una vida separada al mismo tiempo que mantiene esa relación. Tenga amigos al margen de ella, participe quizás en una organización sin su pareja. No tenga nunca un amante. Esa clase de estrés es la forma más rápida de destrucción para un evasor. También puede serle de ayuda el tomarse vacaciones con frecuencia, en compañía o no de su pareja.

En lugar de evitar sus problemas y temores, compártalos con otra persona. Eso reduce mucho el estrés. Y si lo que le importa es recibir en casa a sus amigos, busque como pareja a alguien que maneje el estrés razonablemente bien, e incluso a alguien que parezca tener un alto nivel general de estrés. Usted le ofrecerá el servicio de ayudarlo a relajarse y él podrá manejar aquellas cosas que usted, como evasor, preferiría evitar. Eso le permitirá sentirse más cómodo con su compromiso sentimental. Ambos tienen que aceptar que usted desempeña un papel como la fuerza de la relajación en la pareja, y que este es tan importante como el papel que desempeña su pareja como alguien capaz de solucionar problemas.

Perspectiva

Y, finalmente, ¡la perspectiva! Como evasor debe mantener siempre una buena comprensión de la perspectiva. La ambición y los deseos excesivos son normales en la sociedad actual pero, para usted, como evasor, supondrán su ruina. Tiene una propensión natural a disfrutar de las cosas sencillas de la vida y oler una rosa que los demás ni siquiera han visto al pasar a su lado. Tiene que trabajar para conservar ese don tan maravilloso. Recuerde que tiene la capacidad para obtener placer de actividades repetitivas que a otros les resultarían aburridas o monótonas. Sea quien es. Si le gusta comer cada domingo en el mismo restaurante, hágalo así. No se obligue a sí mismo a probar cosas nuevas simplemente porque alguna otra persona cree que eso sea importante. Deje que las novedades fluyan con mayor naturalidad, puesto que forzar una novedad para la que no esté preparado no haría sino crearle estrés. Tiene usted una gran capacidad para disfrutar de las rutinas. Establézcalas. Disfrute con las cosas sencillas de la vida. Si hace con frecuencia algo que no le gusta, deje de hacerlo. Mantenga la perspectiva.

Cuando sus defensas funcionen bien como evasor, habrá una verdadera belleza en la forma en que puede llegar a establecer un estilo de vida sano y prevenir que se produzcan problemas. Como evasor que funciona bien, puede enseñar mucho a los demás sobre simplicidad y perspectiva, sobre todo en un mundo que ha concentrado demasiado valor en aspectos desde los que se pierde la perspectiva de la vida. Cuando experimente el impulso de echar a correr, debería concentrarse en organizarse y vincularse con aquellas personas de su vida que disfruten enfrentándose a los problemas. Esa es la habilidad que poseen y, a cambio, usted puede ayudarlas a desactivar las dificultades del estrés que conlleva la utilización de su estrategia de supervivencia.

Resumen

El evasor

Tipo de animal

- Conejo

Características positivas

- Bueno para establecer un estilo de vida sin estrés.
- Buenas habilidades organizativas.
- Se siente feliz con muy poco.

Características negativas

- Echa a correr ante los problemas.
- Baja tolerancia al estrés.

Para mejorar, concentrarse en

- Prepararse con antelación para situaciones que puedan ser estresantes.
- Reconocer y aceptar las diferencias.
- Buscar alternativas a las formas tradicionales de manejar las cosas.

Capítulo 5

Camine como un camaleón
El mimetizador

El camaleón tiene una capacidad para camuflarse tan bien que a menudo no se le puede distinguir del árbol al que se aferra con los dedos oponibles de sus patas. Esta estrategia especial de supervivencia lo protege de otros seres medioambientales a los que les gustaría mucho probar su apetitoso cuerpo y su larga y ensortijada cola. También sorprende a unos pocos insectos que, casualmente, se posan sobre la rama aparentemente segura, para verse atrapados por la alargada y pegajosa lengua de este reptil maestro del mimetismo. Como desventaja, el camaleón puede conocer realmente lo que significa «ponerse rojo» cuando está iracundo. El camaleón cambia de color no sólo para mimetizarse con el escenario de fondo, sino también para demostrar su verdadero estado emocional. Ser demasiado emocional puede interferir con este singular instrumento de protección natural y entonces es posible que le falte algún matiz de verde para parecerse a una brizna de hierba o a una hoja. En tales ocasiones es cuando corre verdadero peligro de convertirse en el almuerzo de un depredador que pase cerca.

Jenny era una de esas personas capaces de hablar sobre cualquier cosa con cualquiera. Parecía poseer unos amplios conocimientos que incluían prácticamente todos los temas que imaginarse puedan, así como una gran habilidad para descubrir las opiniones de los demás sin necesidad de tener que expresar las propias. Probablemente, era el miembro más popular de la asociación de padres de alumnos hasta una semana en que no acudió a una reunión. En aquella reunión se produjo una votación sobre un tema ardientemente discutido acerca de la oferta de una gran empresa de construir un parque infantil. La empresa en cuestión estaba vinculada con productos que, en opinión de algunos miembros del consejo, transmitirían un mensaje erróneo a los niños del barrio. La votación fue reñida y el consejo decidió que el de Jenny fuese el voto decisivo en la siguiente reunión. Todo el mundo empezó a llamarla para intentar influir sobre el sentido de su voto. Jenny se empezó a sentir extremadamente presionada para tomar una decisión, sabiendo que perturbaría al menos a la mitad de los miembros del consejo, votara lo que votase. Llamó a todas las personas en las que se le ocurrió pensar para averiguar cómo votarían ellas y obtuvo respuestas ambiguas. Al no encontrar una forma evidente de mimetizarse con los demás, Jenny sintió pánico. En la siguiente reunión, cuando el consejo le preguntó cuál era su decisión, se quedó paralizada, haciendo que los demás tuvieran que resolver el tema sin su colaboración.

Los mimetizadores tienen una rara habilidad para integrarse en la confusión. También para integrarse en la serenidad. Si la decisión tiene que conducirles a ponerse un esmoquin y tocar el tambor en un corro en la playa, su aspecto puede ser más natural en esa situación que en ninguna otra. Mientras que todos los demás pareceríamos estúpidos, idiotas o como un pez fuera del agua, ellos parecen estar bien, se sienten cómodos y ofrecen el aspecto de alguien que pertenece de modo natural a lo que sucede.

Los mimetizadores emplean dos estrategias básicas para adaptarse y dar la impresión de pertenencia. Están los camaleones, que cambian para integrarse en el medio ambiente. El camaleón produce unas reacciones químicas en las cercanías de la superficie de la piel que captan el color que les rodea y lo mezclan en diferentes combinaciones para mimetizarse. El proceso del camaleón es activo y mientras se mantengan alejados de una pintura brillante o de ambientes fluorescentes, se mantienen a salvo. Los camaleones humanos tienen una tremenda habilidad para valorar el ambiente que les rodea, las opiniones de las personas y las actitudes e ideales de quienes tienen cerca. En muy poco tiempo son capaces de aprender a hablar como los demás e incluso a parecerse a ellos. Lo mismo que Jenny, se sienten extremadamente presionados cuando tienen que tomar decisiones propias, porque preferirían estar en el bando de los ganadores, votando con la mayoría. A menudo se les considera muy encantadores y agradables. La parte más interesante del camaleón es que, a diferencia de otras estrategias, lo único que se necesita para hacerles cambiar es cambiar lo que les rodea. Si cambia lo que hay en el exterior, también ellos cambian. Eso hace que sean magníficos cuando reciben formación profesional para desempeñar un nuevo trabajo y a menudo se convierten en empleados abnegados.

Luego están los mimetizadores que no cambian, pero que se mimetizan con naturalidad al encontrarse en ciertos ambientes. El insecto *Diapheromera femorata*, conocido también como insecto palo, se mimetiza de un modo tan perfecto con su ambiente que hasta nos sorprende cuando logramos ver uno de ellos. Se parecen tanto a una ramita que un depredador podría posarse a pocos centímetros de distancia sin darse cuenta de que estaba allí. Pero si se le coloca sobre el asfalto de la calle, todo el mundo puede verlo. En cuanto abandona su radio de acción adaptativo se convierte en otro insecto listo para ser devorado por el próximo pájaro que acierte a pasar volando por allí. Los insectos-palo humanos descubren que se pueden mimetizar con los demás, pero tienen que permanecer dentro del grupo en el que se sienten mejor integrados. No tienen esa habilidad con la que cuenta el camaleón de cambiar libremente de un ambiente a otro. Han refinado, no obstante, sus habilidades para formar parte del grupo en que se encuentran y aprenden el lenguaje y las ideas que les hacen encajar continuamente en alguna parte de ese grupo. También son empleados abnegados y, en comparación con los camaleones, es menos probable que cambien de trabajo.

A veces, los mimetizadores humanos despiertan nuestra piedad. ¿Llegarán a conocerse alguna vez a sí mismos si andan siempre tan ocupados en integrarse con los demás? ¿Es que tienen un nivel de autoestima tan bajo que ni siquiera se sienten cómodos siendo ellos mismos y tienen que intentar ser como otros quieren que sean? ¿No están condenados a sentirse miserables porque nunca llegarán a comprender su «verdadero color»? Estas preguntas no hacen sino demostrar nuestra falta de comprensión, ya que los camaleones humanos son a menudo muy felices, productivos y tienen una gran seguridad en sí mismos.

Como sucede con todas las estrategias de supervivencia, las habilidades de los mimetizadores ofrecen un amplio abanico de ventajas y desventajas. Pueden ser los líderes del equipo que ofrecen apoyo y permiten que todos prosperen o se pueden marchitar incluso ante una pequeña decisión. A menudo son personas extremadamente populares, ya que tienen la habilidad natural para incluir a todos y no alienarse de nadie. En un ambiente erróneo, se les acusa de decir a todo que sí, de ser «un pelota», de tener dos caras y ser manipuladores. A través de la comprensión y el desarrollo de sus capacidades y habilidades especiales, los mimetizadores pueden ejercer mucho control sobre sus propias vidas.

Cómo funciona el mimetismo

La adaptación es el proceso que utiliza el mimetizador para integrarse. Se trata de un proceso natural que a menudo ocurre a una velocidad tan rápida que ni siquiera nos damos cuenta de que sucede. La adaptación permite a nuestra especie vivir en toda clase de climas, pasar por todo tipo de cambios y adaptar las herramientas, de modo que nos ayuden a realizar los trabajos que necesitamos para la continuación de nuestra existencia. Es la adaptación en la longitud focal de la lente lo que permite al ojo concentrar la vista en objetos que se encuentran a diferentes distancias. Esta maleabilidad también ha intervenido en la creación de diversidad en nuestra especie, lo que también forma parte integral de cómo nos definimos en relación con los demás. Sin la adaptación física y mental de nuestros cuerpos seríamos una especie que sólo existiría en el espacio, completamente controlada por nuestro medio ambiente. Muchos argumentarían que, de no haber sido por el proceso de la adaptación, podríamos habernos extinguido hace muchos miles de años.

No obstante, para algunos mimetizadores ese proceso ha tenido lugar durante generaciones. La mariposa monarca lleva en su cuerpo un veneno que la hace muy poco apetitosa para aves y arañas. La mariposa virrey no contiene veneno en su cuerpo, pero ha evolucionado de tal modo que se asemeja a la monarca, de modo que los depredadores naturales también la dejan en paz. Muchos mimetizadores terminan desempeñando las mismas profesiones que ejercieron sus padres, a pesar de que, en las encuestas que se les hacen, no se incluyan en su gama de intereses. Se han acostumbrado al trabajo y al ambiente y se han convertido en policías, bomberos o contables y terminan por educar, a su vez, a hijos que se convierten igualmente en policías, bomberos o contables. Los mimetizadores hacen a menudo lo mismo en sus relaciones sentimentales, encontrando a alguien que encaje en las pautas a las que están acostumbrados. Lo mismo que la mariposa virrey, intentan imitar lo que saben que funciona y dirigen de ese modo su estilo de vida.

Los mimetizadores empiezan por observar a los demás y reconocer las diferencias. Se dan cuenta de que los otros hablan de modo diferente, piensan diferente y tienen distintos objetivos y sueños. Comparan sus propias vidas con las de los demás y definen con claridad las diferencias entre ellos. Durante su comparación, juzgan si sería mejor ser como los demás o seguir siendo como son. Lamentablemente, si los mimetizadores pasan por una mala época en sus vidas, la hierba del vecino siempre parecerá más verde y siempre tendrán la impresión de que será mejor cambiar. Una vez tomada la decisión en cuanto a qué estilo de vida es el mejor, el mimetizador empieza a cambiar sus objetivos.

El siguiente paso que da consiste en evaluar el proceso de cambio. Si se trata de una adaptación medioambiental, la pregunta que se plantea es: ¿qué se necesita para formar parte del nuevo ambiente, para encajar en el nuevo mundo? Si se trata de adaptarse a una persona, la pregunta planteada es: ¿qué nuevo papel tendré que jugar para encajar en la vida de esta persona? Si el mimetizador se siente emocionalmente centrado en el momento del cambio, empieza a evaluar si puede realizar efectivamente los ajustes necesarios. No obstante, si no se siente particularmente centrado en el momento del cambio, o si experimenta algún nivel de desesperación, el intento por encajar puede hacerse sin reflexionar demasiado sobre las habilidades necesarias para adaptarse. Entonces, la adaptación puede ser emocionalmente dañina para la salud del mimetizador.

El paso final consiste en averiguar cómo integrarse en esta nueva vida o con esta nueva gente. Hay dos conceptos vitales para la comprensión de esta estrategia de supervivencia. A veces, la capacidad para integrarse en una situación exige una respuesta pasiva en la que no se hace nada. No se trata aquí de la habitual respuesta de lucha o huida del animal agitado que se siente en peligro, sino de una limitación natural de cualquier necesidad de escapar o defenderse. El pez banjo acaba por parecerse tanto a una hoja, que casi no se le puede detectar en el acuario. Pero, al moverse, asombra y confunde al espectador, que ya había decidido que esa forma pertenecía al fondo acuático. Entonces, si uno fuese un pez depredador, inmediatamente se lo comería. Para paralizarse en un momento de peligro, el animal tiene que quedarse completamente quieto, a pesar de la aceleración de los latidos de su corazón y de todos los demás sistemas en un estado de mucha agitación. Cualquier movimiento puede descubrir su presencia y echar a perder la mimetización. En el animal humano, la paralización puede suponer ignorar por completo o dejar de prestar atención a todo aquello que se utilice para definirse a sí mismo en la vida, desde los sentimientos personales hasta las opiniones e incluso los valores morales. Eso puede crear una tremenda presión en los mimetizadores, algo que, en ocasiones, llega a provocar problemas físicos y mentales con efectos duraderos.

Los mimetizadores también emplean un proceso activo para adaptarse. El mimetizador emocionalmente perdido de veinte años de edad, reclutado por una secta, empieza a vestirse como sus nuevos «hermanos». Aprende un nuevo vocabulario y hasta desarrolla hábitos y peculiaridades que un mes antes habrían sido antinaturales para él. Los mimetizadores tienen que establecer una unidad con el grupo, el ambiente o la persona de la que pasan a formar parte. Redefinen su existencia con una simetría y un equilibrio totalmente diferentes. Se desprenden de sus viejos barómetros de éxito y miden los nuevos objetivos y logros según los estándares del nuevo grupo al que pertenecen. No se trata, pues, de una respuesta petrificada, sino de un proceso muy activo de reconfiguración de la propia personalidad.

Tanto si se da una respuesta activa como pasiva en esta fase final, el mimetizador mide el éxito desapareciendo. Su objetivo es formar parte del mobiliario. Cuando se trata de un grupo, eso significa situarse en medio de alguna parte, allí donde no se llame la atención. Si se trata de la familia, significa mantener el estatus en la comunidad, sin protestar por las habituales molestias de los vecinos y procurar que las cosas se mantengan en calma en el propio hogar.

Una oportunidad para mejorar: las ventajas del mimetizador

En la empresa para la que trabajaba Todd casi todo el mundo pensaba que era uno de los empleados más valiosos. Era quizá el mejor seguidor en todo el mundo y siempre se las arreglaba para hacer las cosas a tiempo y exactamente tal y como deseaba el presidente ejecutivo de la empresa. Siempre hablaba de formar parte de un equipo y poseía una capacidad fantástica para lograr que la gente trabajase junta. Era el tipo al que acudir cuando se quería hacer algo «correctamente», siempre y cuando se le explicara con toda claridad lo que significaba «correctamente» en cada caso. Su ascenso al puesto de vicepresidente no sorprendió y tampoco decepcionó a nadie.

No obstante, su valor más importante para la empresa eran sus habilidades en la sala del consejo de administración. Daba la impresión de que la única ocasión en la que hablaba era precisamente cuando había que tomar una decisión y se presentaban dos opiniones contrapuestas. Todd tenía una forma muy peculiar de consolidar esos dos puntos de vista contrarios y conseguir que las dos partes en conflicto tuvieran la sensación de haber ganado en la discusión. En los debates muy acalorados, cada una de las partes consideraba que Todd estaba de su parte. En realidad, sin embargo, nadie conocía con exactitud sus opiniones, ya que jamás las expresaba. Se convirtió en el hombre de la empresa al que todos querían utilizar para «poner en marcha una nueva idea». Todd sabía descubrir con exactitud qué deseaba escuchar una determinada persona y lo decía de un modo que le daba a esa persona la seguridad en sí misma suficiente para tomar decisiones importantes. Se le acreditaba el haber participado en todas las grandes decisiones tomadas en la empresa, en parte de todo su progreso, a pesar de que él nunca admitió haberlo hecho así, ni hizo nada por llamar la atención de los demás.

El proceso de mimetización no siempre significa sacrificar la propia personalidad en beneficio de los demás. Los camaleones humanos que alcanzan éxito tienen capacidad para adaptar sus propios talentos especiales de modo que encajen en las necesidades de un grupo de gente, haciendo que todo el mundo se sienta con más éxito y sea más productivo. No siempre se trata de un cambio completo, sino que puede tratarse simplemente de moldear sus habilidades para trabajar en un nuevo ambiente.

En un mundo en el que se sugiere que el liderazgo tiene que ser como una especie de gran misión que todos debieran esforzarse por alcanzar, resulta refrescante encontrar a personas capaces de ser seguidores. No hay líderes sin seguidores y cuanto mejores sean estos últimos, tanto mejores serán los primeros. A Todd no le parecía ninguna discapacidad el hecho de ser un seguidor. No aceptaba el punto de vista estadounidense según el cual se necesitaba llegar a ser un líder para alcanzar verdadero estatus. Incluso como vicepresidente de una gran empresa, Todd era un seguidor y se sentía orgulloso de serlo. Veía el mundo en forma de situaciones en las que todos pudieran salir ganando algo y estaba convencido de que el compromiso y el hecho de saber escuchar constituían las herramientas definitivas de todo buen director.

La ventaja del mimetizador radica en su desarrollada habilidad para comprender bien el clima de una situación y ser capaz de serenar los ánimos. Su propia supervivencia depende de ello. Los demás no ven a los camaleones como una amenaza y, por lo tanto, los aceptan con frecuencia en el santuario interno del mundo de los negocios que, de otro modo, podría quedar cerrado para ellos, reservado para individuos más agresivos. Cuando se necesita apoyo, lo que se busca es a un mimetizador capaz de seguir directrices. El mimetizador también es muy necesario cuando todo está desordenado, uno se siente agitado y alterado y lo que hay que hacer es serenar un poco las cosas. Y si alguna vez está en desacuerdo con alguien y desea hacer las paces, el mimetizador será el mediador perfecto para aliviar las tensiones.

La maldición del camaleón: las desventajas del mimetizador

El pez mariposa de cuatro ojos tiene una defensa basada en el colorido que resulta de lo más insólito. Tiene una mancha oscura en el lomo, cerca de la cola, que engaña a los depredadores, haciéndoles creer que la cola es en realidad la cabeza. Cuando el pez depredador se dispone a atacar la presa, prefiere hacerlo de frente, para poder tragar con mayor facilidad las aletas y la espina. Al ser atacado desde atrás, el cuatro ojos termina por alejarse nadando en una dirección que sorprende al depredador, lo que permite escapar al pez amenazado. Pero si el depredador se acerca de frente al cuatro ojos, o lo ve moverse primero, esa estrategia de defensa natural no resulta nada efectiva. La estrategia de supervivencia del cuatro ojos tiene una limitación que define su alcance adaptativo.

Cuando Shelly era oficial de policía, en el departamento se ganó el respeto de sus compañeros y superiores. Poseía una rara habilidad para salir adelante con el uso de la palabra en situaciones en las que muchos de sus compañeros habrían recurrido a la fuerza física. Quizá lo más revelador de su forma de actuar fue cuando una persona a la que había detenido escribió una nota, dirigida al comandante de Shelly, diciéndole que había sido extremadamente útil como policía y disculpándose ante ella por actuar de forma que se viera obligada a detenerlo. Era una estrella brillante y se la citó en un par de ocasiones por su excelente trabajo para promover la vigilancia de la policía en el barrio.

Cuando se la ascendió a sargento, tras haber obtenido altas calificaciones en una prueba, sus compañeros le organizaron una fiesta. De algún modo, todos confiaban en que la trasladaran a su escuadrón, para poder estar bajo sus órdenes. Pocos hubieran adivinado que las cosas saldrían de modo muy diferente a lo previsto.

Apenas habían transcurrido cuatro días cuando la necesidad de tomar la primera decisión importante golpeó a Shelly de lleno, a toda velocidad. En la atareada comisaría en la que prestaba sus servicios se necesitaba que los sargentos tomaran muchas decisiones, la mayoría de ellas con rapidez. No había lugar para las vacilaciones o la diplomacia. Había necesidad de actuar y se tenía que hacer con rapidez. Ante su primera gran decisión, Shelly se quedó paralizada, el instinto natural animal del mimetizador. Intentó escuchar a las dos partes del problema y actuar de mediadora, pero aquella no era la circunstancia adecuada para esa clase de acción. Cada policía que la consultó tuvo la sensación de que Shelly no creía en la historia que le contaba y, por tanto, no podía tomar una decisión. La situación se descontroló, lo que condujo a un brutal enfrentamiento físico entre policía y ciudadanos y, más tarde, a una montaña de papeleo cuando tres ciudadanos y dos policías resultaron heridos. Al teniente, el superior directo de Shelly, sólo le faltaban seis meses para jubilarse y no se sintió con ánimos para reestructurar su forma de trabajo, ya fuese apoyándola o facilitándole una salida. Shelly se sintió muy abandonada y, en efecto, lo estaba. Intentó acercarse al capitán y a los inspectores de la comisaría, pero los policías bajo su mando empezaron a verla como una pelota que va y viene, como una persona débil en la que no se podía confiar. Le ocultaban las cosas, no le comunicaban detalles importantes y ella terminaba teniendo dificultades con sus superiores cuando los problemas salían a la luz sin estar informada. Las transferencias de puesto que siguieron acabaron haciéndola pasar prácticamente por todos los puestos de trabajo del departamento de policía que nadie quería desempeñar, lejos de la acción, donde no pudiera «causar ningún daño».

En los momentos en que a los mimetizadores se les coloca a cargo de una responsabilidad y tienen que marcar su propia dirección, sufren mucho porque no cuentan con ninguna estructura en la que poder integrarse y porque tampoco se les permite quedarse paralizados. Los mimetizadores no empiezan bien a partir de la nada. No eligen un objetivo y planifican un camino a seguir. Son buenos seguidores cuando otros indican el camino, pero no hay que esperar de ellos que se encuentren en la vanguardia cuando el camino a seguir es incierto. Uno no desearía esperar a que un mimetizador elija el restaurante para la cena de esta noche, o a que defienda la postura que nos importa en una disputa. Tampoco es la persona más adecuada para tomar una decisión entre dos alternativas impopulares. Y si a un mimetizador se le asigna la tarea de decidir quién debería obtener un premio o recompensa, ya puede empezar a calcular que tendrá que otorgar tantas recompensas como personas haya.

Ante un trauma grave o circunstancias extraordinariamente negativas de la vida, el mimetizador puede alejarse de su actitud de adaptación. Se inicia entonces una descomposición que es predecible. El mimetizador se queda indefenso y vulnerable y es casi como si llevara un cartel que dijera: «Utilízame y maltrátame». Quiere estar conectado con todos y con cualquier cosa que pueda. Se convierte en una de esas personas que parecen tener una identidad diferente cada día. Pierde por completo su habilidad para percibir el peligro, a medida que aumenta su desesperación. Muchos de ellos se conectan con personas o grupos inadecuados y terminan siendo víctimas de una pareja agresiva, o se dejan atraer hacia una organización sectaria. A menudo, eso no hace sino profundizar aún más su pérdida de adaptabilidad, conduciéndoles a una circunstancia todavía peor.

Los mimetizadores se rendirán por completo en una relación sentimental maltratadora, depredadora o explotadora. Se pueden quedar petrificados hasta el punto de ponerse catatónicos, con apenas una mínima capacidad para sobrevivir. Tienen una mirada que parece hallarse a muchos kilómetros de distancia o adoptan una actitud como de zombie, como si hubiesen abandonado por completo todo deseo de seguir viviendo. En esos casos es muy frecuente que no hablen, pierdan peso y, a menudo, incluso disminuyan algunas de las funciones vitales de su cuerpo. Su nivel de higiene se empieza a deteriorar gravemente y se pasan las horas del día aislados, sin tener siquiera la energía para encender el televisor o poner música.

Llegados a este punto, los mimetizadores reciben la tragedia casi con agrado, a veces incluso la muerte, ya que eso obligará a que se produzca un cambio y quizá una nueva vida a la que puedan adaptarse mejor, en lugar de la situación de impotencia en la que se hallan sumidos. A diferencia de algunos de los otros tipos de estrategia de supervivencia, el temor no tiene una influencia controladora sobre la vida de los mimetizadores cuando se produce el desmoronamiento. Incapaces de ejercer control alguno sobre las alternativas de que disponen, los mimetizadores experimentan una especie de muerte en vida y, en ocasiones, llegados a este punto, ni siquiera los instintos maternales son lo bastante fuertes como para hacerles salir de su marasmo.

Camine como un camaleón: guía para ser un mejor mimetizador

Los camaleones humanos son los que pagan el pato en la sociedad estadounidense. A los seguidores se les considera menos que a los líderes; a las personas que se adaptan al cambio se les considera menos que a aquellas otras que lo controlan. Nada podría estar más lejos de la realidad. Los seguidores pueden ser magníficos líderes y controlar el curso de la historia. Martin Luther King,

Jr. dijo que nunca se había imaginado a sí mismo como el líder de los derechos civiles que cambiaría el curso de la historia estadounidense. Pero al darse cuenta de que otros seguían cada una de sus palabras, al descubrir que otros se sentían lo bastante motivados por ellas como para pasar incluso un tiempo en la cárcel si se veían obligados, asumió su papel como un líder que cambió la sociedad para siempre. Sus seguidores le dieron el poder para ser un líder y él les ofreció el poder de mantener sus convicciones y objetivos a través de las duras vicisitudes por las que tuvieron que pasar.

Y, no obstante, la sociedad se burla del hombre que modela sus hábitos de trabajo según los de su jefe, o al político que consulta a la opinión pública antes de tomar una decisión. Lo primero que puede hacer un mimetizador para ayudarse a sí mismo es aprender a ignorar a los críticos de la adaptación y reconocer el poder de la integración. Es una habilidad singular la que permite a los mimetizadores adaptarse rápidamente a las nuevas situaciones, algo que a otros cuesta muchos esfuerzos y, cuando lo hacen bien, sobrevivirán en circunstancias inestables cuando, como parte del funcionamiento normal, se producen muchas fluctuaciones. El cambio creará temor y pánico en personas que utilizan muchas de las otras estrategias, pero el mimetizador puede permanecer sereno y centrado, sabiendo que adaptarse al cambio es la fortaleza de los camaleones. Y cuanto mejor sean haciéndolo, tanto mayor será su ventaja.

Al examinar el proceso utilizado por los mimetizadores, se destacan cuatro fases:

1. Observar y definir las diferencias.
2. Evaluar la deseabilidad de cambiar.
3. Evaluar qué se necesitaría para cambiar.
4. Utilizar las habilidades de adaptación para integrarse.

Cuando los mimetizadores desean mejorar sus habilidades de adaptación, pueden mejorar cada una de estas fases haciéndose preguntas muy sencillas.

Observar y definir las diferencias

Cuando Patricia y Peter se trasladaron desde un suburbio residencial de Boston a una pequeña ciudad situada en Carolina del Sur, tuvieron que enfrentarse de inmediato con algo que jamás habían encontrado hasta entonces en sus vidas. Habían vivido durante ocho años en «un suburbio residencial del noreste» sin conocer mucho a sus vecinos y sin que estos les conocieran demasiado a ellos. Para cuando el camión de las mudanzas se alejó de su nuevo hogar en el sur, sobre la mesa de la cocina había un jamón, un roast beef, dos potajes, una canasta llena de tomates frescos, boletines de la iglesia y un par de pasteles caseros. Cada uno de ellos tenía una nota de un sonriente vecino que había pasado por allí y ya sabía de dónde procedían, cuántos años tenían sus hijos y qué clase de trabajo hacían. Se les invitó a un par de fiestas de bienvenida que se celebrarían en su honor y al día siguiente acudió el director del colegio, para presentarse. Ellos no sabían cómo tomarse toda aquella avalancha de actividades de bienvenida y Patricia no estaba muy segura de que le gustara.

Peter, por su parte, se sentó para escribir notas de agradecimiento en las que se incluía una carta que describía a su familia y una invitación a una fiesta de presentación ante sus vecinos. Probablemente, fueron las primeras notas de agradecimiento que escribió en su vida. Su estilo era muy informal y utilizaba palabras que nunca se le habría ocurrido emplear allá, en el norte, pero que ya había oído pronunciar a sus visitantes. Era un mimetizador y aprendió muy rápidamente lo que se necesitaría para integrarse en la ciudad en la que se habían instalado.

El mimetizador que desea mejorar su capacidad para observar y definir las diferencias debería aprender a concentrarse en cómo se comporta la gente, cómo trabaja, se relaja y se expresa.

Al observar cómo se comporta la gente, ¿cuáles son los hábitos que se repiten una y otra vez en este nuevo grupo? ¿Cuáles son las formalidades que se siguen para las invitaciones? ¿Se transmiten por escrito o verbalmente? ¿Qué clase de organizaciones forman este grupo de personas? ¿Cuáles son las costumbres de saludo entre unas y otras? ¿Se tocan al saludarse, se besan en la mejilla, se abrazan, se estrechan la mano, etc.? Un saludo impropio podría ser considerado como un ligero insulto.

Observar cómo funcionan los demás significa ver el estilo con el que realizan sus tareas. ¿Les gusta hacer muchas cosas al mismo tiempo o una sola? ¿Tienen en el trabajo una fuerte orientación hacia la consecución de un objetivo o no se plantean demasiadas expectativas? ¿Trabajan en equipo o a solas?

¿Se relajan con recreación física o sentándose y charlando con los demás? ¿Valoran su tiempo de relajación o es algo que tratan de encajar en su horario cuando pueden? ¿Cuáles son las costumbres de citas y cortejos sentimentales?

Finalmente, ¿qué hay de singular en su forma de utilizar el lenguaje? ¿Suelen utilizar frases repetitivas? Al hablar, ¿emplean frases cortas o largas? ¿Hablan con lentitud o con rapidez? La narración de anécdotas, ¿forma una parte importante de su interacción o les gusta hablar sólo de los acontecimientos que ocurren en el presente?

Los mimetizadores también tienen que contestar a cada una de estas preguntas sobre sí mismos para compararse eficientemente con aquellas otras personas a las que observan. Si alguien quiere mejorar su habilidad para adaptarse, siempre debería examinar sus propios hábitos, expresiones y comportamiento para saber con exactitud hasta qué punto difiere de los demás y en qué.

Evaluar la deseabilidad del cambio

Demetria había estudiado en la universidad de una gran ciudad donde lo habitual era llevar el cabello teñido de color chillón y donde los estudiantes eran muy creativos en los pendientes y tatuajes que se ponían. Naturalmente, vestían con su propio sentido de la moda, evitando las tendencias conservadoras y formales del momento. Tras graduarse e intentar entrar en el mundo profesional, descubrió que no obtenía buenos resultados con sus entrevistas laborales. Sabía que, si lo deseaba, era capaz de encajar en cualquier empresa que la hubiese entrevistado. Intelectualmente, sabía que se podía integrar perfectamente en el pensamiento de la empresa. Le gustaba su estilo de vestir, pero éste no parecía gustar en el mundo empresarial de Estados Unidos. El aspecto le daba una intangibilidad que a ella le parecía realmente importante. Mientras estuvo en la universidad, con aquel aspecto se había divertido más que nunca. Después de pasarse varios meses dedicada a buscar trabajo, Demetria tuvo que afrontar la decisión de aceptar puestos de trabajo temporales, en los que podía mantener el aspecto que quisiera, o cambiar su aspecto para encontrar un trabajo sólido en una empresa.

Esta es una de las fases más difíciles para los mimetizadores, sobre todo en tiempos de crisis, porque en estos tiempos siempre parece deseable cambiar. Pero, en realidad, Demetria se equivocaba de tema. En lugar de concentrarse en intentar conservar los placeres de la vida de los que había disfrutado en su pasado, necesitaba examinar si, después del cambio, se le abrirían o no nuevos placeres. La capacidad para evaluar la deseabilidad del cambio exige crearse una visión de futuro basada en lo que se ve en el presente en las actividades y emociones de otras personas dentro de los cuatro ámbitos siguientes: satisfacción, problemas, oportunidades para el disfrute y valores morales.

A la gente que lleva este estilo de vida diferente, ¿le entusiasma vivir cada día y expresa una satisfacción general sobre la vida? La felicidad puede cambiar de un día para otro, pero cuando se le pregunta sobre su nivel de satisfacción, las respuestas cotidianas de la gente suelen ser más consistentes. Descubra lo que sienten sobre su vida aquellos que siguen un nuevo estilo de vida.

El mimetizador debería descubrir cuáles son los grandes problemas de la gente que forma parte de este nuevo grupo y cómo encuentran las soluciones a los mismos. ¿Tienen que tomar muchas decisiones cuando surge un problema? (Porque a los mimetizadores no les gusta tomar demasiadas decisiones.)

¿Disfruta esa gente haciendo las actividades en las que participa? Si a una persona o grupo le gusta frecuentar los bares y el mimetizador aborrece tomar alcohol y acudir a los bares, no debería meterse en esa situación con la esperanza de que cambie. Si el grupo realiza alguna actividad recreativa que al mimetizador siempre le ha parecido interesante, pero que nunca ha probado, tiene que darse cuenta de que existe la posibilidad de no disfrutar con la compañía del grupo una vez que haya probado esa actividad en cuestión. Para un mimetizador hay pocas cosas menos deseables que estar en un grupo en el que únicamente se habla de lanzarse en parapente, cuando él ha pasado por la peor experiencia de su vida después de haberse visto presionado a saltar desde un avión.

Finalmente, las cosas que hace esa gente ¿satisfacen los propios estándares morales y éticos? Es posible que los mimetizadores tengan la voluntad de cambiar muchas cosas para integrarse, pero la moral siempre debería proceder de una educación personal o de las influencias importantes que han ocurrido en la vida de una persona, y no de las personas o grupos nuevos.

Evaluar lo que se necesitaría para cambiar

El alce es uno de los grandes adaptadores de la naturaleza. En el invierno le crecen un par de capas extra de espejo pelaje, que le protegen contra el frío de los bosques del norte de América, donde vive. También pierde la característica cornamenta que lleva sobre la cabeza y que puede pesar veinticinco kilos o más, lo que le facilita avanzar por entre la nieve profunda y encontrar comida. Cuando un mimetizador ha llevado a cabo el trabajo fundamental preparatorio del cambio, pasando por las dos primeras fases, evaluar lo que se necesita para cambiar es algo que se produce con tanta naturalidad como añadir pelaje y desprenderse de la cornamenta para el alce. El proceso puede verse facilitado al concentrarse en dos cosas: temores y habilidades.

Un mimetizador necesita examinar atentamente las actividades del grupo y comprobar si éste se halla implicado en algo que pueda crearle temor. ¿Siente el mimetizador temor a volar y el hombre o la mujer con el que espera establecer una relación sentimental es aficionado a pilotar aviones? Si hablar en público es importante y el mimetizador experimenta temor en ese aspecto, ¿cuáles son algunas formas de superar ese temor? Evaluar lo que se puede necesitar para cambiar significa examinar con atención la situación para ver si algunos temores podrían bloquear el cambio que se propone.

A continuación, el mimetizador necesita examinar las habilidades que tengan los demás y que quizá le exijan un aprendizaje adicional. ¿Existe, entre los miembros del grupo, una comprensión extraordinaria de la Biblia? ¿Practican alguna actividad artesanal concreta? El mimetizador debería valorar todas estas habilidades y ver qué podría necesitar para obtener una comprensión o un nivel de trabajo que sean comparables a los del grupo.

Utilizar las habilidades de adaptación para integrarse

Steve era cantante y guitarrista y estaba convencido de que cada vez que conocía a un nuevo grupo de gente necesitaba encontrar una oportunidad para cantar. Sabía que todo el mundo disfrutaba con la música pero, dependiendo de la gente con la que estuviera, podía interpretar y cantar una clase diferente de música. Al cantar una tradicional balada irlandesa en casa de los padres de su nueva novia, fue inmediatamente aceptado. Al improvisar en la guitarra una pieza de rock duro en la fiesta de Halloween de su sobrino, pasó de ser un adulto aburrido a un tipo interesante. Utilizaba la habilidad que poseía y la aplicaba a cualquier situación.

Lo que Steve sabía era que aquello que lo hacía especial y diferente podía ayudarle a definir su papel en el nuevo grupo. El proceso de integración no siempre significa dejar de ser uno mismo, sino simplemente cambiar un poco de dirección, cantar una canción diferente, encontrar una forma nueva de cocinar. Los mimetizadores pueden tratar de utilizar aquellas habilidades singulares propias de las que disfrutan todos y configurarlas alrededor de la persona o grupo con el que tratan de integrarse. Quizá sea ésta la forma más fuerte de integrarse en un grupo nuevo o de vincularse con una persona nueva.

Otra forma de integración del mimetizador consiste en encontrar un hábito que se pueda practicar repetidas veces y que encaje bien con el estilo del grupo. También contribuye mucho a la integración el encontrar una frase o eslogan que encaje bien con el lenguaje utilizado por el grupo. Los mimetizadores deben recordar que poseen un talento natural para integrarse y que, una vez que utilicen un hábito o frase, se les ocurrirán otros con naturalidad. No es nada insólito que los mimetizadores capten partes muy sutiles del lenguaje e incluso que adquieran acentos característicos después de una o dos reuniones.

Si es usted un mimetizador, debería enorgullecerse de su capacidad para ser un buen seguidor. No debería tratar de obligarse a sí mismo a desempeñar papeles de liderazgo que, según algunas partes de la sociedad, son más valiosos. Es posible que encuentre más fácilmente un papel de liderazgo si su trabajo consiste en facilitar las decisiones de los demás, en lugar de tomar decisiones propias. Puede ser usted el mediador más importante en una empresa, o la persona que mantiene unida a la familia, ya que es más flexible que los demás. Y cuando se encuentre en una situación en la que se sienta bajo de ánimo, no debería abandonar nunca sus habilidades de adaptación, sino utilizarlas, precisamente para dejar atrás esa situación. Debería tratar de mejorar la estrategia que conoce mejor, aprendiendo el proceso de la adaptación y estimulando sus instintos animales naturales.

Resumen

El mimetizador

Tipo de animal

- Camaleón

Características positivas

- Buen mediador.
- Buen seguidor.
- Serena a la gente.

Características negativas

- Le cuesta tomar decisiones.
- Vacila mucho.

Para mejorar, concentrarse en

- Observar y definir las diferencias.
- Evaluar la deseabilidad del cambio.
- Evaluar las acciones para cambiar.
- Utilizar las habilidades de adaptación para integrarse.

Capítulo 6

El perezoso y el pez rémora
El pegadizo

Los primeros buceadores informaron que algunos tiburones y ballenas parecían tener barbas, como una excrecencia alrededor de la parte inferior de sus bocas; algo para lo que, al principio, no pudieron encontrar explicación. Al acercarse más observaron que no se trataba de una barba, sino de un puñado de pequeños peces que se mantenían en la zona. El pez rémora dispone de un disco especial de succión ovalado que es, en realidad, una aleta dorsal modificada que puede utilizar para adherirse a cualquier gran pez o tortuga que deje muchos restos cuando come. Se trata de peces que son verdaderas maravillas de la naturaleza, más que un carroñero o un parásito. Esa es la gran distinción entre los pegadizos del reino animal: algunos, llamados parásitos, viven a costa del huésped, mientras que otros viven de los productos secundarios de éste y devoran la comida que le sobra. Una solitaria es un parásito que se alimenta del huésped, pero el pez rémora se limita a permanecer cerca y espera pacientemente como si llevara una bolsa para guardar la comida sobrante para el perro. En realidad, el pez rémora se come a los parásitos del pez más grande al que se adhiere, prestando por tanto un servicio muy útil a su huésped. Muchos buceadores han descubierto que los peces rémoras son pequeños e interesantes chupadores, que tratan de adherirse a sus trajes de buceo, confundiendo al buceador con un gran pez de aspecto interesante.

Ed se sentía un poco torpe en las situaciones sociales. Sus amigos bromeaban diciendo que tenía un talento extraordinario para saber cuándo y cómo decir lo más inconveniente en el momento menos oportuno. Lamentablemente, no era cosa de broma cuando llamaba a la mujer del jefe por el nombre de la amante, o cuando comunicaba a un cliente una información que la empresa no deseaba compartir. Ed aprendió que la mejor forma de trabajar era no decir nada, a pesar de lo cual seguía soñando con progresar y ascender en la empresa. Cuando contrataron a Tommy, Ed se dio cuenta de que allí estaba su oportunidad. Tommy era inteligente, sabía trabajarse a los clientes y a los jefes y Ed sabía que ascendería con rapidez. Así pues, se convirtió en la sombra de Tommy en el trabajo, iba a todas partes con él y hablaba como él. A medida que Tommy progresó aupó a Ed consigo escala arriba. Aunque Ed siempre quedaba un poco por debajo, era mejor de lo que habría podido conseguir por sí solo. Ed había descubierto cómo utilizar en ventaja propia las habilidades de vinculación que poseía.

Si quiere vivir de las sobras y restos de otro, la calidad de su vida dependerá mucho de con quién se conecte. Para el pegadizo, el secreto del éxito es fácil: encontrar a la persona correcta a la que pegarse y aferrarse a ella. Pocas estrategias de supervivencia son tan evidentes.

La distinción entre el tipo de pegadizos es diferente a la de otras estrategias porque existe, verdaderamente, una preferencia por un tipo sobre otro. El pegadizo carroñero, ilustrado por el pez rémora, es emocionalmente más sano en los seres humanos. El pez rémora necesita aferrarse a algo más, a lo que, sin embargo, también ofrece un servicio, limpiando al pez de parásitos. Básicamente, todos empezamos la vida siendo rémoras humanas vinculadas primero al útero y luego a las personas que actúan como padres, hasta alcanzar la edad adulta. Como el joven más vulnerable de la naturaleza, el ser humano necesita permanecer cerca y vinculado para sobrevivir como bebé. A cambio de nuestra vinculación como niños, despertamos intensos sentimientos de amor y cariño en nuestros padres que sobrepasan, con creces cualquier otra emoción positiva que puedan llegar a tener en sus vidas. El rémora humano ofrece un verdadero regalo a su huésped, ya que satisface sus propias necesidades de consuelo y placer.

A partir de este principio, algunos rémoras humanos mantienen la vinculación con alguien, al que siguen proporcionándole esas oportunidades de experimentar emociones fuertes. Otros, sin embargo, cambian de una persona a otra, desplazando su dependencia hacia alguien nuevo cuando parece que ya no son deseados o que han encontrado a alguien que les puede proporcionar un mejor sustento. En todo caso, raras veces se ve a solas a cualquiera de estos dos tipos de pegadizos, al menos durante un prolongado período de tiempo.

La versión menos saludable del pegadizo es la garrapata. La relación que mantiene la garrapata con su huésped es parásita, lo que significa que se alimenta de éste y no de sus productos de desecho. La garrapata se alimenta de la sangre de un huésped y, a cambio, puede transmitirle algunas enfermedades o agotar su energía. Las garrapatas humanas son egoístas en comparación con el pegadizo carroñero. Al principio quizá se presenten como el carroñero, actuando como si fueran a ocuparse de algún modo del bienestar del huésped, pero su naturaleza egoísta aflorará y pronto se pondrá de manifiesto que se trata de una relación parásita unilateral. Cuando las garrapatas humanas tratan de chupar la sangre de su huésped hasta dejarlo seco, le transmiten enfermedades emocionales, como cólera, ansiedad, inseguridad y odio. Probablemente, mientras lee usted esto estará pensando en alguien concreto, ya que las garrapatas humanas dejan en nosotros una impresión duradera.

Los pegadizos descubren que el único placer que pueden obtener de la vida lo consiguen cuando el huésped se siente feliz. Viven como en una especie de mundo de segunda mano. Los pegadizos saludables son algunas de las personas más comprometidas que se pueda encontrar y siempre estarán presentes para brindar apoyo a su huésped. Habitualmente, un pegadizo es un buen empleado en trabajos repetitivos, una vez que se ha vinculado con una empresa, y raras veces habla mal de su huésped, siempre y cuando haya alguien que se ocupe de satisfacer sus necesidades. El pegadizo vinculado tiene una firmeza que no se observa con frecuencia en las otras estrategias de supervivencia. Sus necesidades son bastante sencillas siempre y cuando reciban la seguridad de saber que su huésped no se dispone a separarse de ellos. Y tienen la habilidad para conseguir que los demás se sientan necesitados y valorados, amados y deseados.

Cómo funciona el proceso de vinculación

Al margen de que el pegadizo tenga una naturaleza carroñera o parásita, el proceso que utiliza es similar. En ambas formas tiene que encontrar un modo de mantener contacto con un huésped, sin que ese contacto interfiera en la vida de éste. El proceso de establecer la vinculación pasa por cuatro fases: la convicción de que para sobrevivir se necesita de otro, la localización de un huésped, la vinculación con ese huésped y encontrar un nuevo equilibrio.

El pegadizo tiene que convencerse primero de que la propia supervivencia necesita de otra persona u organización. Resulta interesante observar cómo se lleva a cabo esta valoración. En ocasiones se trata de una decisión perceptiva consciente, según la cual el pegadizo no se siente capaz de afrontar la vida a solas. En otras ocasiones es una decisión puramente inconsciente, según la cual estar a solas es peligroso. Quedarse solo se convierte en un temor y el pegadizo juzga que es mejor sentirse miserable antes que estar solo. La soledad es uno de los grandes temores de todos los seres humanos, pero particularmente de los pegadizos. Este principio básico de la vinculación explica por qué a menudo los pegadizos no se atreven a abandonar a una pareja que los maltrata. Han tomado la decisión concreta de que no se quedarán ni pueden quedarse solos, pase lo que pase, incluida la sublimación total de los propios deseos.

Una vez tomada esa decisión, el pegadizo tiene que encontrar a un huésped, alguien o algo (como una organización) a la que vincularse. Buscan características ideales como fortaleza, habilidad para manejar problemas y la capacidad para satisfacer sus necesidades y deseos. En los momentos más desesperados, los pegadizos se vincularán con cualquiera al que puedan encontrar. No abandonarán una relación sin contar previamente con otra en la que refugiarse. En general, intentan satisfacer todas sus necesidades a través de otra persona, aliviándose de las presiones y responsabilidades que les obliguen a tomar decisiones o a controlar su propia vida.

El proceso de vincularse con un huésped es mucho más complejo de lo que parece superficialmente. En ocasiones, el pegadizo llega a grandes extremos para manipular el establecimiento de relaciones a largo plazo. Es posible que la mujer pegadiza desee quedarse embarazada con tal de vincularse permanentemente con un hombre. El hombre pegadizo puede intentar que la mujer quede en deuda con él para de ese modo mantenerla a su lado. Para el pegadizo, la vinculación es el estado definitivo y puede ser maquinada meticulosamente una vez que se ha identificado al huésped. Según el código del pegadizo, el objetivo de la vinculación supera con creces cualquier código ético personal. Se observa a menudo una falta de preocupación por las consecuencias de la vinculación sobre el huésped, ya que la desesperación supera a la compasión. Habitualmente, las emociones positivas, como la compasión, sólo aparecen una vez que la vinculación está asegurada, pero durante el establecimiento de la misma el pegadizo cierra los ojos a la moralidad.

Todos los cambios y vinculaciones son potencialmente estresantes. La fase final de la vinculación consiste en encontrar un nuevo equilibrio, tanto para sí mismo como para el huésped, una vez que se ha establecido la vinculación. Es en esta fase cuando el pegadizo puede tener en cuenta la necesidades del huésped, ya que evitar que éste rechace la vinculación es importante para la supervivencia. Los muchos tesoros que puede aportar el pegadizo se ponen en juego en esta fase y, verdaderamente, los pegadizos suelen tener grandes cosas que dar. Si logra producir satisfacción en su huésped, el pegadizo tendrá la seguridad de continuar en su relación simbiótica. En el pegadizo humano de tipo parásito aparece a menudo un período en el que éste hace creer completamente a su huésped que la vida será maravillosa una vez que se hayan vinculado. La relación se vuelve parásita una vez que el pegadizo tiene la sensación de haber alcanzado un equilibrio y de que la relación ya está asegurada.

La relación sentimental entre el pegadizo y el huésped es una de las más naturales que se pueden dar en la especie humana. Como ya se ha mencionado antes, es la base de la relación entre padres e hijos y puede generar verdaderamente algunos de los sentimientos más cálidos de nuestro universo. A muchas personas les gusta que alguien dependa de ellas, ya que eso les aporta propósito y significado en su vida. Cuando se produce el desequilibrio, también constituye la base para algunos de los peores sentimientos. Si es usted un pegadizo, comprender el proceso y establecer el equilibrio es un importante camino a seguir para ayudarse a sí mismo.

Atraerse el favor de los demás: las ventajas del pegadizo

Miriam era una mujer devota de la parroquia de su iglesia, convencida de que la Iglesia era el núcleo de la comunidad. Rezaba todas las noches, asistía a todos los servicios religiosos con su esposo y siempre trabajaba con especial ahínco para recaudar fondos cuando se necesitaban. Era siempre la primera en llegar y la última en marcharse. Demostraba el mismo vigor en la relación sentimental con su marido. Después de 14 años de matrimonio, sentía por él la misma pasión y el mismo amor de siempre y se lo decía cada día. Desde el día de su boda nunca había dormido en ninguna otra parte, sino sobre el pecho de su esposo. Era una persona firme a la que todos consideraban como la sólida mujer de la familia. Pero el mayor valor de Miriam para la comunidad se percibía cada vez que surgía algún problema.

Un autobús en el que viajaban 22 feligreses de la parroquia, que habían asistido a un retiro de fin de semana en la iglesia de una ciudad vecina, sufrió un accidente y nueve de los pasajeros resultaron gravemente heridos. Dos de ellos eran amigos muy cercanos de Miriam. Ella se precipitó a su lado en el hospital y se quedó allí durante todo el tiempo que estuvieron en la sala de urgencias, la sala de operaciones e incluso los acompañó luego a su habitación del hospital. Iba de una persona a otra, ofreciendo consuelo y contacto físico cuando otros podrían haberse sentido horrorizados ante una situación tan trágica. Una de sus amigas cayó en coma, poniendo en grave peligro su posible recuperación. Miriam acudía cada día al hospital y se sentaba a su lado, frotándole suavemente la espalda, sosteniéndole la mano y hablando con ella, tratando de estimularla como podía. Se dirigía al hospital en cuanto su marido se marchaba a trabajar y regresaba a casa unos cinco minutos antes que él, lo que solía ocurrir unas doce horas más tarde. Durante más de seis semanas fue incansable en sus esfuerzos por transmitir consuelo. Cuando su amiga salió finalmente del coma, se enteró de las acciones de Miriam y dijo que era predecible, porque Miriam era de esa clase de amigas. Estaba incluso convencida de saber que Miriam estaba a su lado mientras duró su estado de coma.

La lealtad pura del pegadizo es muy refrescante en un mundo que parece ser cada vez menos virtuoso. El pegadizo ofrece devoción y transmite la sensación de que se puede depender de él en una medida no superada por ninguna de las otras estrategias y raras veces cuestiona o juzga a nadie, siempre y cuando exista un compromiso. Uno desearía tener a un pegadizo a su lado cuando se quiere encontrar el apoyo más vehemente. Aporta una recompensa positiva incondicional cuando uno ha de tomar una decisión que puede ser impopular. Quisiera uno tener cerca a un pegadizo cuando empieza a sentirse poco valorado o incluso innecesario. Y también se desearía tenerlo cerca cuando las cosas empiezan a ir mal en la vida y uno necesita que alguien le de un abrazo.

La estrategia del pegadizo es una fuerza complementaria para muchas de las otras estrategias, especialmente para el cuidador. El pegadizo, que sólo se siente seguro y cómodo apoyado en el pecho de otro, posee una inestimable capacidad para conseguir que los demás se sientan necesitados, amados y apoyados. Son personas fieles y tenaces en su entrega a las amistades y relaciones sentimentales. Eso tiene un valor considerable en muchas situaciones, sobre todo en momentos difíciles.

Absorber a los demás: las desventajas del pegadizo

Los grillos machos producen el característico sonido chirriante al frotar las patas, un proceso llamado estridulación. El objetivo consiste en atraer a las hembras que escuchan la llamada de amor del macho y se mueven en su dirección. Ese canto, sin embargo, también atrae a una mosca parásita que deposita sus larva vivas en el grillo. Lentamente, las larvas se comen vivo al grillo hasta que, finalmente, éste muere y las larvas se convierten en moscas. Es una relación que únicamente sirve a uno, sacrificando al otro en el proceso.

La esposa de John acababa de abandonarlo y su estado de soledad era tan desesperado que lo describió como la peor sensación que hubiera experimentado en su vida. Entonces apareció en escena Lauren. Era una mujer atractiva, con un gran corazón y una cuidadora natural. Acababa de dar por terminada una relación sentimental con un hombre que no le prestó mucha atención. Le gustó que John pareciese inclinarse mucho hacia el establecimiento de relaciones sentimentales y que tampoco fuese mal parecido. Aceptó una cita con él y ambos se lo pasaron bien. Ella lo invitó a tomar una copa al final de la velada porque se sentía muy cómoda en su compañía. Una vez en su casa, Lauren empezó a sentirse muy cansada, pero John pareció hacer caso omiso de las insinuaciones que le indicaban que había llegado el momento de retirarse, hasta casi dos horas más tarde.

Lauren no tuvo que esperar una segunda llamada junto al teléfono. John la llamó a la mañana siguiente, antes de que se fuera al trabajo y luego le envió tres emails durante el día. A ella le agradó encontrar a un hombre tan atento, después de que muchos la ignoraran tras una primera cita. Salieron una segunda vez y, al final de la tercera cita en la misma semana, ella se dio cuenta de que John avanzaba con rapidez en la relación. Cada noche se encontraban o se hablaban. Una noche, ella no pudo regresar a casa hasta bastante tarde y se encontró con que John le había dejado una serie de mensajes. Al día siguiente se presentó en el trabajo de ella para llevarle flores. Lauren empezó a captar señales de que aquella no era una situación saludable.

Durante el transcurso del mes siguiente, John se presentó a menudo sin anunciarse previamente. Lauren estaba cenando con unos amigos, y John pasaba por el restaurante para saludarla. Si Lauren le comunicaba sus planes y él no estaba incluido en ellos, se daba cuenta de que eso le molestaba a John. Empezó a sentirse culpable por pasar tiempo alejada de él. John seguía hablando de empezar a vivir juntos y Lauren seguía tratando de mantener cierta distancia. Tenía la sensación de ser lo único que había en la vida de John. A medida que se empezó a intensificar el factor de envolvimiento, Lauren terminó por romper la relación. John le dijo que era su único amor y que probablemente no querría seguir viviendo sin ella. Lauren se puso muy nerviosa ante la perspectiva de que él se suicidara o quizá de que la matara a ella. John necesitó tres meses (uno más de lo que había durado su relación sentimental) para dejar de llamarla y provocarle estrés.

Los pegadizos pueden asustarse mucho cuando se sienten aislados y desesperados. Muchos de ellos terminan por hacerse algún tipo de daño a sí mismos hasta que encuentran a una persona nueva con la que vincularse. No querrá tener a su lado a un pegadizo si lo que desea es hacer las cosas de modo independiente. Tampoco querrá contratar a un pegadizo para que trabaje por su propia cuenta. No lo querrá tener a su lado si no desea establecer un compromiso sentimental. Y, definitivamente, no querrá tenerlo a su lado si, en ocasiones, elude sus responsabilidades porque entonces no sólo será responsable de su propia vida, sino también de la de otra persona.

Puesto que para el pegadizo es tan importante establecer un vínculo con alguien, en los momentos en que no tienen un huésped al que aferrarse se disparan sus fantasías. Son capaces de crearse relaciones a partir de muy poca retroalimentación y con muy pocos incentivos y, en general, tratan de presionar para mantener el contacto que encuentren. Muchos de ellos se conectan a Internet y crean vínculos fantasiosos con alguien a quien apenas conocen y que incluso puede ser un completo producto de su fantasía. El pegadizo es capaz de volar a cualquier otra parte para estar con una persona a la que no conoce, en su intento por encontrar a alguien con quien establecer una conexión. Desesperado, el pegadizo empezará a ingresar en organizaciones, encontrando a veces un consuelo particular en versiones fanáticas de grupos religiosos o asociaciones sectarias.

Al verse afectado por la crisis, el nivel de abandono del pegadizo se vuelve casi insoportable. Tienen la sensación de que se les abandona a su suerte, incluso para morir, como si fuesen carroña para los depredadores. Si se tienen que enfrentar a solas a una crisis, los pegadizos empiezan a mirar hacia todas partes, en busca de alguien o de algo que se haga cargo del control sobre su vida. Pueden vincularse así a personas inadaptadas u organizaciones que exigen la obediencia de las sectas. Si todo se desmorona a su alrededor y no encuentran ningún sitio al que aferrarse, empiezan a morirse de hambre y a menudo corren peligro de perder la vida o de suicidarse. Tienen fuertes fantasías suicidas y son particularmente peligrosos si experimentan un fracaso cuando tratan de vincularse con alguien. A menudo, los pegadizos con hijos empiezan a ignorarlos, o expresan resentimiento ante la vinculación de los niños con ellos. Llegan a expresar que lamentan haber tenido hijos, o los acusan de haber arruinado su vida. También pueden echarle la culpa a los niños de cualquier problema causado por su abandono y hacerles cosas que podrían afectar de modo adverso a su desarrollo.

El perezoso y el pez rémora: guía para ser un mejor pegadizo

En el densamente enmarañado pelaje del perezoso de tres dedos existe un ecosistema completo compuesto por muchas formas de vida. Las algas verdes crecen en el pelaje, ya que les gusta el ambiente húmedo creado allí por la selva húmeda y el pelaje del perezoso es demasiado denso como para secarse por completo. Los escarabajos y otros insectos se instalan allí, ya que el pelaje es una buena fuente de comida. Y hay una polilla, adecuadamente llamada la polilla del perezoso, que reside en este singular animal, de movimientos lentos que se alimenta de hojas. Como quiera que el perezoso únicamente se alimenta de hojas que no son completamente digeribles y que su sistema digestivo es superlento, sus heces constituyen un buffet virtual de bacterias y nutrientes, que es exactamente lo que necesitan las polillas del perezoso para depositar sus larvas. Las polillas tienen que permanecer cerca del perezoso porque este retiene comida durante un período de tiempo tan prolongado que si vivieran aparte se perderían la oportunidad. Así pues, viven en el perezoso y esperan la oportunidad de depositar los huevos, al tiempo que son transportadas lentamente de un árbol a otro en su huésped perezoso.

La función más importante de todos los animales es la de sobrevivir en la vida durante el tiempo suficiente para transmitir ciertas características a la generación siguiente. Recuerde que, si es un pegadizo, su comportamiento constituye la base del instinto maternal y de algunos de los instintos humanos positivos más intensos. Ser capaz de entregarse por completo a otro sólo puede equipararse con la sensación de que alguien se le entregue totalmente a uno. Pero para que el pegadizo sea hermoso, eso se tiene que hacer de un modo saludable ya que, en caso contrario, se puede convertir en un parásito y pocos acogerían cálidamente en su corazón a un parásito. Las actitudes sanas en un pegadizo se pueden estimular al procurar cuatro condiciones:

1. Tener la paciencia para encontrar un huésped dispuesto a recibirlo.
2. Aumentar la vinculación al recordar lo que ofrece a los demás.
3. Reconocer las necesidades de espacio que tienen los demás.
4. Trabajar para establecer una sólida comunicación de apoyo y respeto.

Tener la paciencia para encontrar un huésped dispuesto a recibirlo

Los piojos han hecho una contribución interesante a la sociedad al ser uno de los pocos animales cuyo nombre ha dado lugar a una palabra con significado propio: piojoso. Su vida es realmente horrible si no se vinculan a un huésped. Los piojos del cuerpo mueren en el término de treinta días, los de la cabeza en dos o tres días y los del cangrejo de 12 a 36 horas. En contraste, el pez rémora y las polillas del perezoso pueden vivir durante mucho más tiempo sin permanecer vinculados, aunque prefieren la vinculación. Son capaces de buscar a un buen huésped que les ofrezca lo que desean. Esa es la principal diferencia entre el carroñero y el parásito. Si es usted un pegadizo, tiene que aprender a ser un carroñero.

Si su instinto natural es el de ser un pegadizo será importante mantener controlado el deseo de vincularse con otro durante el tiempo suficiente como para encontrar a alguien que sea apropiado para la clase de relación que desea establecer. No todas las personas que haya en su vida tienen capacidad para manejar el nivel de intimidad del que es usted capaz. No suponga nunca que otra persona tiene los mismos sentimientos que usted porque cada uno es singular en sus sentimientos y habilidades. En los períodos en los que no esté vinculado con nadie es importante disponer de opciones y no saltar a la primera oportunidad de vinculación que se le presente. En el ámbito de las citas sentimentales, el pegadizo debería tener un cuidado adicional para no convertir a la otra persona en el centro de su vida antes de ver las opciones de que dispone. El mayor error que podrá cometer como pegadizo procederá de establecer una mala vinculación, fomentada habitualmente por la falta de paciencia en el proceso de búsqueda. Mientras está esperando, disfrute del tiempo que pasa con otras personas en su vida con las que ya haya establecido un lazo fuerte, como parientes y amigos íntimos.

Aumentar la vinculación al recordar lo que ofrece a los demás

A menudo, el pegadizo olvida que es un verdadero premio debido a los sentimientos positivos que es capaz de generar en otra persona. Procure que la intimidad sea el aspecto fundamental de cualquier relación sentimental que mantenga y procure hacer aquellas cosas que permitan a la otra persona sentirse a gusto con esa intimidad. Debe recordar que cuanto más positivo e íntimo sea hacia la otra persona, tanto más deseará ésta hallarse junto a usted. Los pegadizos son los mejores en establecer contacto basado en la proximidad, así que sea generoso en sus abrazos y caricias, tanto con un amigo, como con un amante o un miembro de la familia. Eso es algo que le surge con naturalidad y que gustará a las personas que se hallen cerca de usted. Del mismo modo que debe ser generoso con sus caricias, también debería serlo con sus palabras de proximidad e intimidad. Procure decirle a los demás lo cerca que se siente de ellos como amigo, o como amante. Debe comprender que esta clase de frases le resultan más fáciles de pronunciar a usted y que son la base para sus instintos animales. No exagere, pero sea el primero en estimular la intimidad.

Reconocer las necesidades de espacio que tienen los demás

Esta sugerencia puede parecer contraria a las dos primeras, pero eso es lo que crea equilibrio. Debe recordar siempre que, a menos que esté con una persona que sea también un pegadizo, su necesidad de espacio y de mantener ocasionalmente la distancia será menor que la de ella. Debe ser continuamente consciente de que una de las necesidades básicas de todas las otras estrategias de supervivencia es disponer de algún tiempo a solas para recuperarse de las presiones de ser social y hallarse vinculado. Uno de los grandes problemas que tienen los pegadizos aparece cuando la persona a la que aman trata de distanciarse un poco para pensar o, simplemente, para estar a solas. El pegadizo empieza entonces a sentirse desesperado, temeroso de perder la relación, y empieza a ahogar al otro. Eso crea una reacción de rechazo y disminuye la intimidad, que es la base de la vinculación. Al tratar de acercarse demasiado a la otra persona, cuando ésta desea estar a solas, se aumentan las probabilidades de acabar perdiendo la relación sentimental. Si es usted un pegadizo, es importante poder identificar esos momentos en las demás personas. Es posible que una nota preguntándole a una persona si necesita tiempo para estar a solas no siempre reciba una respuesta verdadera, porque quizá el otro teme herir sus sentimientos. Asuma siempre que el otro necesita de ese tiempo diciéndole en tono afirmativo: «Necesitas tiempo para estar a solas». Luego, permita que sea el otro quien le corrija en caso de que no sea así.

Trabajar para establecer una sólida comunicación de apoyo y respeto

Recuerde que, como pegadizo en una relación sentimental, usted cabalga y no conduce un coche. Habitualmente, el pegadizo permite que sea la otra persona la que tome muchas de las decisiones, ya que no es natural para él tomarlas por su cuenta. Nada hay más frustrante para una persona que sentirse responsable de la felicidad de otra. En aquellos casos en que un pegadizo se queja demasiado cuando ya es demasiado tarde para efectuar un cambio, está convirtiendo la relación en una colisión frontal con el desastre. Eso crea frustración y animosidad. Cuando desee que se haga algo, procure expresar directamente ese deseo. No exprese sus deseos después de ocurrido el hecho. Procure mantener una actitud ligera después de que haya ocurrido algo malo, así como ofrecer apoyo y respeto en los malos tiempos. Cuando otra persona tiene que tratar con un pegadizo que lo analiza todo retrospectivamente y le expone los errores que ha cometido, desaparece la intimidad que pudiera haber existido en la relación. La otra persona empezará a quejarse de no sentirse lo bastante independiente, o se enfrentará a usted para que haga los planes por sí mismo. Si es usted capaz de expresar una opinión directamente, de cara, hágalo. Si quiere hacer planes con antelación, hágalo. Pero no saque a relucir nunca sus ideas una vez pasado el momento.

Es una verdadera pena que los ejemplos de pegadizos del reino animal sean principalmente los del pez carroñero, las moscas parásitas, las garrapatas, las polillas de los perezosos que comen estiércol y otras criaturas que no evocan precisamente emociones muy positivas en las personas. Cada animal tiene un propósito y todos son hermosos a su manera. La estrategia de supervivencia del pegadizo es una de las más frágiles. Si tiene usted tendencia a ser uno de ellos, trabaje duro para desarrollar la belleza de la intimidad y de las emociones humanas fuertes y positivas. Eso exige confianza en su propia capacidad para encontrar una fuerte relación y para mantenerla. Esa confianza en sí mismo le da la paciencia y la toma de conciencia de ser verdaderamente un regalo cuando se vincula con alguien, la habilidad para dejar a alguien a solas y no sentirse desesperado por ello, y la de contenerse antes de quejarse cuando observe algo que salió mal. Si empezamos a ver el acto de aferrarse desde una perspectiva menos extremada, comprenderemos la forma en que produce intimidad y qué regalo supone eso en un mundo que a veces es tan impersonal como una jungla.

> **Resumen**

El pegadizo

Tipo de animal

- Pez rémora

Características positivas

- Apoya mucho.
- Es real y fiel.
- Es muy cariñoso.

Características negativas

- Sofocante.
- Dependiente.

Para mejorar, concentrarse en

- Encontrar una pareja que le apoye.
- Aumentar la vinculación, recordando lo que ofrece a los demás.
- Reconocer las necesidades de espacio de los demás.
- Trabajar para establecer una sólida comunicación de apoyo y respeto.

Capítulo 7

Dormir con la anémona
El combinador

La investigación sugiere que los primeros perros fueron similares a chacales o lobos y descubrieron que la especie que viajaba en grupos sobre dos piernas no era como los otros animales. Probablemente, el objetivo original fue el de alimentarse de los débiles o los jóvenes que se rezagaban de los grupos tribales humanos.

Aparentemente, los humanos eran más débiles, pero contaban con muchos recursos en cuanto a su capacidad para defenderse y cazar a otros animales. Tras una partida de caza con éxito y del posterior festín, dejaban restos que eran suficientes para que se alimentaran estos primeros perros. Los animales decidieron que era beneficioso para ellos permanecer cerca de estos humanos, de modo que rodearon sus campamentos. A los humanos les gustaba que los perros estuvieran allí porque sus ladridos les ofrecían un sistema de alerta cuando otro depredador penetraba en la zona. Los perros se convirtieron en socios naturales de caza, sabiendo que cuanto más ayudaran a los humanos a cobrar las piezas cazadas, tanto más tendrían ellos para comer. Los sentidos tan finos de los perros prehistóricos y su mayor velocidad aumentaron la eficiencia de los humanos portadores de armas. Probablemente, esa alianza se inició como una forma de obtener mejor comida, pero se desarrolló hasta crear una asociación y una amistad, a medida que los perros abandonaron el perímetro del campamento y entraron en el mismo para alimentarse, sentarse junto al fuego y disfrutar de esa amistad.

Cuando Wayne se jubiló como director de una escuela superior, lo consideró como un principio, no como un final. Ya nunca más tendría que escuchar las críticas de los padres, ni las quejas de los maestros. Le agradaban los esfuerzos conjuntos de preparar a un grupo de niños para la vida después de la escuela superior, pero ahora había llegado el momento de dedicarse a jugar al golf. «Voy a cambiar los nueve grados por los nueve palos», comentó en la fiesta de su jubilación. Cuando en la escuela se inició el curso escolar, pasaba cada día por delante y disfrutaba comprobando que no tenía la obligación de trabajar. Así fue, al menos durante el primer par de semanas. Al pasar por delante de la escuela durante el primer partido de fútbol, pensó que entraría a saludar a todos. No conocía a los padres que cobraban el precio de la entrada, se situó en la base de las gradas y se dio cuenta de que, por primera vez, ya no formaba parte de toda aquella escena. Wayne empezó a enojarse al darse cuenta de que su presencia no parecía importarle a nadie. Empezó a alejarse de su esposa y, en contra de lo que había planeado durante años, dejó de jugar al golf. Se pasaba la mayor parte del día leyendo y escribiendo cartas de opinión al editor del periódico, quejándose de lo terrible que empezaba a ser aquella zona. Básicamente, echaba de menos formar parte de un equipo y se había perdido en el proceso. Wayne no volvió a encontrar un cierto nivel de satisfacción en su vida hasta que un amigo le pidió su colaboración para ayudar a una organización juvenil, en la que pudo volver a trabajar con otra gente.

En el reino animal se dan muchas alianzas, tanto dentro de una especie como entre distintas especies, gracias a las cuales los dos miembros de la alianza son más eficientes y están más seguros. Los combinadores consideran que su vida sólo es eficiente cuando forman parte de un equipo. Tratan de unirse a otros siempre que pueden, para compartir la carga de trabajo, los problemas y los beneficios. Eso es algo que todo el mundo hace a veces, pero los combinadores lo hacen continuamente y a menudo experimentan problemas cuando no pueden hacerlo.

La distinción que más se pone de manifiesto al examinar la naturaleza de los combinadores es el número de otros animales con los que trabajan conjuntamente. Están los tipos mangosta, que parecen formar grupos de cualquier tamaño, desde dos a cincuenta. La mangosta comparte las responsabilidades, desde alimentar a los pequeños hasta la protección pero, en general, cuando sale en busca de alimento no suele compartirlo con otros adultos. También compiten con otros grupos de mangostas. Se distinguen los unos a los otros por el olor del propio grupo y se las puede ver dándose el olor del grupo unas a otras. Los tipos mangosta humanos suelen concebir su equipo como un grupo con el que trabajan a gusto y sólo competirán con otros que no formen parte de su equipo. En ocasiones se distingue a los combinadores que haya en una multitud porque su fidelidad de equipo es compulsiva y a veces actúan enojadamente con el otro equipo o con sus seguidores. Forman parte del equipo, pero también mantienen su propia identidad. Durante un partido o una competición, utilizarán su propio lenguaje y lanzarán sus propios insultos hacia las gradas del otro equipo, y no se limitarán a animar al suyo. Destacan cuando se descomponen en pequeños grupos de trabajo y son capaces de subordinar sus propias necesidades a las de su grupo.

Luego están las hormigas. Si se tomara toda la biomasa de hormigas que hay en los trópicos y se la pesara, su peso equivaldría al de cuatro veces el peso de todos los vertebrados combinados. A veces llegan a formar bandadas de 700.000 individuos que marchan por la selva húmeda en busca de insectos o de otros animales diminutos a los que puedan vencer. Cualquier hormiga, por sí sola, tendría muy pocas oportunidades de vencer a un insecto o animal que tiene varias veces su tamaño, pero cuando son 700.000 juntas se pueden preparar la mesa con mucha mayor facilidad, ya que son muchas veces más poderosas que como individuos. Son verdaderas jugadoras de equipo que viven y trabajan juntas porque de ello depende su supervivencia. Las hormigas humanas encuentran la seguridad en el número y es muy probable que consideren a toda la raza humana como su equipo. No les importa no tener rostro ni nombre, y trabajan bien en grupos grandes. En las grandes empresas participan en los esfuerzos de éstas y exhiben con orgullo su fidelidad. En un ejército, son imparables y jugarán el papel, pequeño o grande, que se haya definido para ellas.

Mediante la cooperación, el combinador intenta mejorar su singular habilidad para sobrevivir. Gracias a la cooperación, intenta distribuir la responsabilidad sobre las tareas de la vida. Mediante la cooperación, el combinador procura adquirir poder y control sobre los problemas de la vida. A través de la cooperación, el combinador intenta aumentar su potencial para competir y destacar.

Cómo funciona la combinación

Los combinadores buscan algo muy diferente a lo que busca la gente con otras estrategias de supervivencia. Buscan los deseos de los demás. En la estrategia del combinador, se tienen que aislar las necesidades y deseos de los demás para obtener así la base para alguna clase de contrato mutuamente beneficioso, gracias al cual se puedan satisfacer las necesidades de ambas partes. Es la estrategia definitiva para la igualdad y, en momentos difíciles, una estrategia que no viene motivada por el temor, sino por las preocupaciones sociales. El combinador trata de establecer la conexión a través de un proceso de cuatro fases: encontrar a una persona que tenga una necesidad, imaginar un plan para satisfacer esa necesidad, descubrir qué puede hacer la otra persona para satisfacer una necesidad que él tenga y establecer una alianza entre ambos.

Es evidente que no se puede ser un combinador en ausencia de otra persona, de modo que lo primero que hace es encontrar a una que tenga una necesidad insatisfecha. Eso puede suceder de tres formas. En primer lugar, los combinadores buscan a una persona con una necesidad a cuya satisfacción ellos puedan ayudar. Examinan sus propias habilidades y encuentran a una persona que se pueda beneficiar de ellas. En segundo término, pueden determinar qué les falta y qué ayuda necesitan y encontrar entonces a una persona que les pueda ayudar. Examinan a todas aquellas personas con las que entran en contacto y valoran qué habilidades tienen antes de aproximarse a ellas. En tercer lugar, pueden limitarse a buscar a alguien con quien deseen estar asociados y luego examinar más de cerca el potencial que tiene cada uno de ellos para ayudarse mutuamente. Independientemente de la razón o del método, la identificación de la persona necesitada y la definición de la necesidad constituyen los principales pasos iniciales del combinador.

El segundo paso que da consiste en imaginar un plan destinado a satisfacer la necesidad de la otra persona. Eso supone examinar los propios recursos y quizá los recursos de los demás con los que tiene establecidos acuerdos mutuos, para descubrir qué pueden hacer para solucionar el rompecabezas de supervivencia de la otra persona. El combinador casi siempre piensa por adelantado acerca de cómo conseguirá llevar a buen término el trato. Debe tener habilidad para situarse en la posición del otro, de modo que sea capaz de hacerlo bien. Por ello, la mayoría de buenos combinadores suelen ser algo intuitivos y perceptivos.

El tercer paso (aunque el segundo y el tercero son intercambiables en cuanto a su secuencia) consiste en examinar a la otra persona para descubrir lo que puede hacer que sea beneficioso para solucionar los problemas y desafíos del propio combinador ante la vida. Para ello tiene que valorar a qué se enfrenta y qué puede hacer bien la otra persona como para equilibrar la ecuación. A menudo, esa suele ser la tarea más difícil de realizar para el combinador, a menos que se haya puesto en marcha pensando directamente en sus propias necesidades. El combinador no sólo valora el potencial de la otra persona, sino también la probabilidad de que ésta cumpla con lo que dice que hará.

Finalmente, propone el contrato de alianza y establece el régimen de reciprocidad con la otra persona. Habitualmente no es una declaración tan formal como decir: «Si haces esto por mí, yo haré aquello por ti». La mayoría de las veces, el combinador empieza por realizar algún acto por alguien, quedando a la espera de que la otra persona plantee qué puede hacer por él para corresponderle.

«¿Sabes algo sobre...?», puede ser el planteamiento, aunque el combinador ya es muy consciente de lo que puede hacer la otra persona por él. A menudo, el hecho de preguntar se produce al mismo tiempo que el combinador realiza algún servicio, ya que a la otra persona le resulta más difícil negarle algo a alguien que le está haciendo un favor.

Las herramientas de la estrategia del combinador son la percepción sobre las propias fortalezas y las del otro. Al crear unos fuertes puentes entre las personas, el combinador amplía su propio conjunto de recursos y dispone de un arsenal mucho más fuerte que puede utilizar para afrontar los problemas y desafíos de la vida.

Un perro tiene su utilidad: ventajas del combinador

Dylan trabajaba como ingeniero de desarrollo de programas para una nueva empresa punto.com que trataba de introducirse en el mercado de las ventas directas de empresa a empresa. Estaban teniendo poca suerte y no parecían estar muy concentrados, ya que cambiaban constantemente la imagen de lo que estaban haciendo. Debido a la falta de concentración, se conseguían pocas cosas, excepto programar reuniones. Un investigador de la empresa creía que, básicamente, no habían pasado más allá de la fase de generación de ideas en grupo y se les estaba acabando el tiempo, ya que el capital riesgo de que disponían en el banco se agotaba con rapidez. Dylan acudió a los jefes de la empresa con una idea y un punto de concentración que pareció gustarles. Deseaban programar una reunión para estudiarlo, pero Dylan les preguntó si antes no podría crear un equipo de trabajo para «completar» los datos específicos, antes de la reunión. Puesto que muchos de los empleados de la empresa estaban haciendo bien poca cosa debido a la falta de objetivos concretos, los jefes estuvieron de acuerdo y Dylan abandonó el despacho dispuesto a elegir a su equipo.

Buscó a una persona organizada, capaz de realizar el seguimiento y registro de todo lo que hicieran los miembros del equipo. Eligió a dos personas creativas para redactar y modificar las ideas. Y, naturalmente, necesitó de un técnico que supiera bien lo que se podía y no se podía hacer con la programación. Una vez reunidos, les expuso la tarea a realizar y luego generaron ideas en grupo durante una hora acerca de lo que se tenía que hacer. En lugar de cuatro despachos separados, los metió a todos en una sala, para facilitar así la comunicación y la sensación de equipo.

Dylan acudía cada día al trabajo y dedicaba un par de horas a cada persona. No se limitaba a supervisar lo que hacían, sino que se sentaba y, durante dos horas, redactaba con ellos, programaba con ellos o ayudaba en todo lo relacionado con la organización. Ordenaba que les sirvieran almuerzos en grupo e imaginó un eslogan motivacional para encontrar una dirección a seguir y para que contribuyera a hacerles olvidar que este pequeño grupo trabajaba en «algo tangencial». Al cabo de dos semanas los jefes de la empresa habían recibido un ultimátum del consejo de administración y de los financieros para que mostraran algún tipo de progreso fehaciente si no querían que la empresa fuera sometida a una gran reestructuración. Dylan había pedido un mes de tiempo, de modo que nadie esperaba que, para entonces, ya tuviera mucho que mostrar. Pero todos se quedaron sorprendidos.

En apenas dos semanas, el equipo de Dylan había producido una elaborada red social para la empresa que iba mucho más allá de las expectativas de cualquiera y que empequeñecía la cantidad de trabajo que los algo más de otros treinta empleados de la empresa habían producido durante los meses anteriores. No sólo habían hecho ellos mismos buena parte del trabajo, sino que tenían objetivos más claros sobre hacia dónde se dirigían y se habían impuesto fechas tope para conseguirlo, que parecían capaces de alcanzar. Cuando los jefes de la empresa presentaron el plan ante el consejo de administración, hubo más sorpresa que cualquier otra reacción entre sus miembros, ya que no tenían ni la menor idea de que se hubiese avanzado tanto. No se lo podían creer y tuvieron la impresión de que la empresa debía de haber trabajado en aquello durante los tres meses anteriores. El dinero siguió fluyendo y, de repente, todos encontraron un nuevo punto de concentración. En apenas cinco meses más la empresa fue vendida con unos grandes beneficios, para complacencia y satisfacción de todos los que tenían opciones sobre acciones o acciones. Lo único que la empresa compradora quiso fue el trabajo iniciado por el equipo de Dylan.

El combinador posee una tremenda habilidad para reunir a la combinación correcta de personas, capaz de establecer la diferencia. Cuando lo hace, desea trabajar a su lado durante todo el tiempo, ya que esa es su mentalidad. El jugador de equipo es un icono para él en casi todo aquello que hace, desde trabajar a jugar o amar. Sus características nos son bien conocidas a todos y, en general, se tiene de ellos la idea de que resulta muy agradable estar a su lado. Cuando trabajan bien, los combinadores siempre tratan de incluir a personas, de hacerlas sentirse parte de algo y siempre intentan obtener lo mejor de cada una de ellas. Cuando se trata de desarrollar equipos para realizar una tarea, lo preferible es disponer de un combinador. Lo mismo sucede cuando se tiene que abordar un problema y no se quiere realizar el trabajo a solas. Se desea tener al lado a un combinador para que actúe en aquellos ámbitos en los que uno se pueda sentir débil. Y, en una relación sentimental, querrá a un combinador si le gusta un jugador de equipo capaz de trabajar conjuntamente con usted para alcanzar objetivos mutuos.

Una multitud también es un grupo: desventajas del combinador

En general, las focas monje son animales sociales que viven en colonias. En las colonias de focas monje de algunas zonas del mundo hay escasez de hembras y los machos no tienen muchas oportunidades de aparearse. Al verse obligados a competir por las pocas hembras, tiene lugar un proceso brutal en el que un grupo de machos intenta aparearse con una hembra, todos al mismo tiempo, una situación que se suele calificar como de hostigamiento. Durante ese período, los machos embisten a la hembra, a menudo durante horas, desgarrándole el lomo, produciéndole cortes en la capa de grasa e infligiéndole a menudo tales heridas que la foca hembra termina por morir. La competencia en un grupo social normalmente dócil tiene a menudo efectos extraños.

A Nicole le encantaba ser una jugadora de equipo, trabajando conjuntamente con Susan, hasta que se puso de manifiesto que ambas se sentían interesadas por el mismo hombre. Además de eso, sabían que se iba a producir un ascenso y que sólo una de ellas podría conseguirlo. Nicole intentó hablar de ello con Susan, pero quedó claro que a partir de ahora cada una de ellas se encontraría en situación de tener que arreglárselas por sí sola. Las dos querían al mismo hombre y el mismo ascenso y aunque se mostraban cordiales, ninguna haría nada que favoreciese a la otra. Si hasta entonces habían sido las mejores amigas, ahora se vieron enfrentadas entre sí por esa situación.

Nicole estaba tanteando la situación cuando le comentó a otra colaboradora la escapada de una noche de Susan con el vicepresidente de marketing de la empresa, que estaba casado. Nadie lo sabía, excepto Nicole. Susan se lo había confiado una noche en que salieron juntas para celebrar la culminación de un gran proyecto en el que ambas habían trabajado. Era algo de lo que Susan no se sentía orgullosa, pero que sintió la necesidad de contar a alguien. Nicole dejó caer una insinuación sobre lo sucedido y el chismorreo se difundió rápidamente por la oficina.

Nicole sabía que si todos sus compañeros se revolvían contra Susan y veían a la propia Nicole como la fuente del chismorreo, eso no sería bueno para ninguna de ellas. Una vez lanzado el rumor, Nicole tenía que encubrir su procedencia. Consciente de que Susan sólo se lo había dicho a ella, imaginó una historia sobre una tercera persona de otra empresa que estuvo presente en la convención donde ocurrieron los hechos y que lo vio todo. Puesto que ahora existía una supuesta tercera persona que observó lo sucedido, el departamento de recursos humanos de la empresa inició una investigación para determinar si había existido un posible hostigamiento sexual.

Nicole, Susan y el vicepresidente se encontraron enmarañados en una ciénaga de engaños y desconfianzas. Cuando el ascenso fue otorgado a otra persona del despacho, Nicole ya tenía fama de ser una buscapleitos, Susan estaba a punto de dimitir debido a las dificultades emocionales causadas por el estrés y el vicepresidente ya había dimitido y se hallaba en pleno proceso de divorcio.

Si el lado positivo de la cooperación es amor, amistad, compartir y tener confianza, lo contrario es la confianza rota, el engaño, las promesas rotas y el maltrato potencial. ¿Qué le ocurre a un combinador cuando los aspectos del trabajo en equipo no funcionan para aliviar el dolor y el estrés en una situación? ¿Qué sucede cuando las alianzas que parecen tan lógicas y productivas no funcionan o se rompen? Cuando el combinador no consigue aliviar su dolor o temor uniéndose a otro, la descomposición se inicia con la alienación. No se trata sólo de un sentimiento de soledad, sino también de estar separado del mundo. En una crisis, esta separación hace que los combinadores se cuestionen su estrategia y la idea de que cualquiera puede tener una alianza con otro. Pierden entonces toda confianza en las relaciones sentimentales y se aíslan a sí mismos, lo que aumenta su alienación.

El deterioro continúa con un proceso llamado «identificación con el agresor». Empiezan entonces a creer que la gente está justificada al hacerle lo que desea a otra persona, siempre y cuando salgan adelante. Empiezan a unirse entonces con gente que realizan actos sociopáticos o que incluso maltratan directamente a los demás. Todas las esperanzas de compartir mutuamente se desmoronan y la autosatisfacción del combinador puede llegar a ser sádica, al experimentar alegría al ver sufrir a otros. En esencia, lo que buscan son personas a las que unirse en su dolor o, según el viejo dicho, a la miseria le encanta tener compañía. La agradable actitud de «jugador de equipo» con la que ambos disfrutaron en otro tiempo se transforma en la actitud de «cada uno a lo suyo». Eso es muy evidente cuando los combinadores terminan una relación sentimental con un divorcio.

Si la confidencialidad es una exigencia, no querrá tener a su lado a un combinador, como tampoco lo querrá si hay que pasar largos períodos de tiempo lejos de los colaboradores. Tampoco lo querrá si la realización de una tarea le exige trabajar a solas. Y si se produce una discusión entre dos amigos o amantes, los combinadores pueden hacer participar a otros del problema en los momentos en que no haya conexión entre ambos, y procurarán crear un equipo en contra o bien a favor de la relación.

Dormir con la anémona: guía para ser un mejor combinador

A la anémona de mar se la conoce por su capacidad para formar relaciones muy fuertes que son mutuamente beneficiosas. La anémona es una actinia marina lenta, tipo pólipos, no muy móvil y que, en consecuencia, lo pasaría mal si tratara de sobrevivir por sí sola, a falta de encontrar alimento. Lo que sí tiene es la habilidad para producir una experiencia muy dolorosa a cualquier intruso, gracias a sus tentáculos armados con nematocistos picantes. El pez payaso, que está bastante indefenso, se cobija en el interior de la anémona de mar y desprende por la piel organismos microscópicos que ofrecen nutrientes y oxígeno a la anémona de mar. Los cangrejos ermitaños llevan anémonas de mar sobre el lomo, que lanzan a menudo hacia los atacantes como si de un gas lacrimógeno marino se tratara, al tiempo que transportan a la anémona a nuevos lugares donde poderse alimentar. La anémona sobrevive y se protege gracias a esta reciprocidad. Ha aprendido a ser una buena combinadora.

Si está interesado en mejorar sus habilidades de combinación, ha de seguir un camino muy claro. Se han escrito muchos libros acerca de cómo formar equipos o redes en los negocios, o sobre cómo crear buenas relaciones de colaboración en equipo con un amante. En ellos se dan consejos específicos sobre cómo ser un mejor combinador. Si tiene el propósito de aumentar sus instintos, en general, siga unas pocas reglas concisas:

1. Adquiera el hábito de descubrir las necesidades de los demás.

2. Comprenda cuáles son sus propias habilidades especiales.
3. Halague profusamente a los demás y a sí mismo.
4. Dé antes de esperar recibir.
5. Pida ayuda cuando la necesite.

Adquiera el hábito de descubrir las necesidades de los demás

Es esencial que los combinadores comprendan en primer lugar las habilidades y necesidades especiales que tienen los demás. Tienen que ver a los demás como recursos y dejar de tener miedo a admitir que alguien sea mejor que ellos mismos en cualquier tipo de actividad. Si es usted un combinador y lo que desea es elevar al máximo sus posibilidades de éxito, no tiene espacio para los celos ni para la vanidad. Recuerde que, al formar equipos busca usted a personas que complementen o suplementen sus propias habilidades, y no simplemente que las repitan. Lleve a cabo un cálculo sólido de aquello que otras personas hacen bien y conserve un registro por si acaso lo necesitara en un futuro.

Comprenda cuáles son sus propias habilidades especiales

Ese mismo acto de descubrimiento que hace con respecto a los demás, tiene que hacerlo también con respecto a sí mismo, aprendiendo a valorarse. ¿Qué sabe hacer mejor que los demás? Debería haber una serie de habilidades, de algunas de las cuales quizá no sea consciente, que hace mejor que los demás. Al llevar a cabo una verdadera valoración de sus habilidades, es mejor preguntar a quienes le conozcan bien, como amigos, colaboradores y padres. Le sorprenderá lo que digan los demás de usted. Quizá le resulte difícil reconocer sus propias habilidades especiales porque a usted le parecen corrientes. Ha vivido con ellas durante toda su vida y no comprende que la gente no piense como usted, sienta temor ante ciertas situaciones o no pueda expresarse como usted lo hace. A menudo, la gente se siente sorprendida de que una habilidad como la de rellenar formularios o la de hacer un pedido por teléfono o consultar algo en un libro no sean tan comunes como creen.

Halague profusamente a los demás y a sí mismo

Si espera establecer una conexión que sea mutuamente beneficiosa, tanto usted como la persona con la que intenta conectarse tienen que reconocer los talentos especiales que posee cada uno. Eso sólo se consigue después de haberlo señalado de una forma positiva. Recuerde que si le ha sorprendido saber por otro los talentos que posee, la otra persona también puede sentirse sorprendida al saber, por lo que usted le diga, los talentos que ella misma tiene. Halagarla en aquello que haga bien le permitirá aumentar la seguridad en sí misma para ayudar a otra persona gracias a esa habilidad (como, por ejemplo, a usted). También usted necesita decirse en voz alta aquello que sabe hacer bien y ello por dos razones: para poder escucharlo y para que otros lo escuchen y vean si pueden beneficiarse de ello. Eso le permitirá aumentar la seguridad en sí mismo y la de los demás. Tiene que llevar cuidado al hablar de sí mismo, para no parecer demasiado seguro de sus propias habilidades, ya que eso podría tener el efecto contrario. En último término, al halagar a otra persona, quizá pueda señalar que posee la habilidad para halagar y establecer en la mente de la otra persona la conexión que finalmente podría convertirse en una alianza.

Dé antes de esperar recibir

Una de las cosas más difíciles de aprender en la vida es que dar debería preceder a recibir. De niños, lo que hacemos es tomar primero. Nuestros padres son los que nos dan los dones de la vida. A medida que tratamos de crear alianzas, no es suficiente con señalar las ventajas, sino que también se tiene que adquirir el hábito de demostrar las propias habilidades dando el primero. Las alianzas no se establecen de modo natural con personas que tengan otras pautas instintivas a las suyas. Para formar una alianza, se tienen que poner de manifiesto los beneficios por medio de la acción, y no sólo con palabras y conceptos. Al dar, está demostrando con sus acciones precisamente aquello que será importante y beneficioso. Quizá necesite dar un par de veces antes de que quepa esperar resultados y es posible que, con algunas personas, no obtenga ninguno de los resultados esperados, ni siquiera después de que usted diera primero. Debe reconocer que el hecho de ser un combinador no le asegura el éxito en la formación de todo tipo de alianzas que intenta, ya que el ver las relaciones mutuamente beneficiosas es algo que forma parte de su personalidad, y no necesariamente de la de los demás.

Pida ayuda cuando la necesite

Finalmente, para mejorar su potencial laboral como combinador, tiene que aprender a solicitar ayuda. Muchas de las personas que utilizan la cooperación como estrategia esperan que la ayuda fluya de todos de un modo natural y se sienten incómodas si tienen que llamar la atención sobre este aspecto. Debe indicar a los demás cuándo necesita ayuda y no esperar a que sean ellos quienes lo descubran, sólo porque usted sea capaz de verlo. Utilice frases como: «Con tus habilidades en esto y mis habilidades en aquello, formamos un buen equipo», o «¿No podrías ayudarme en esto, porque sabes hacerlo mucho mejor que yo, del mismo modo que yo te ayudé ayer en aquello porque sabía hacerlo mejor que tú?». No tema señalar lo evidente. El sentido común nunca brilla por sí mismo con luces de neón ni aparece en grandes carteleras. El sentido común es algo extraño para muchos cerebros y no conduce necesariamente a la acción común.

El combinador tiene mucho que ofrecer al mundo y puede representar un gran papel de servicio a los demás. El instinto natural de trabajar con los demás tiene sus propios efectos curativos y muchos combinadores ayudan a otra gente a curarse, haciéndola formar parte de un grupo. El hombre es, por naturaleza, un animal gregario y la mayoría de nosotros nos sentimos más sanos cuando trabajamos, vivimos y jugamos con los demás. El combinador sabe estimular esta función humana social fundamental. Al ayudar a los demás a trabajar y a interactuar, les está ofreciendo la base para algunas de las más importantes emociones humanas, que proceden de compartir algo con los demás y de las buenas relaciones sentimentales.

Resumen

El combinador

Tipo de animal

- Perro

Características positivas

- Jugador de equipo.
- Incluye a los demás.
- Crea alianzas.

Características negativas

- No trabaja bien por su cuenta.
- Tiene tendencia al chismorreo.

Para mejorar, concentrarse en

- Adquirir el hábito de descubrir las necesidades de los demás.
- Comprender cuáles son sus propias habilidades especiales.
- Pedir ayuda cuando la necesite.

Capítulo 8

Los rebaños y las abejas
El cuidador

En el año 62 d.C., Plutarco escribió sobre los delfines: «A los delfines, más que a ningún otro animal, la naturaleza ha concedido lo que buscan los mejores filósofos: amistad sin interés». Las historias de rescate de marineros en el mar a cargo de delfines se remontan a tiempos bastante más antiguos. Los científicos del Marine Studio Oceanarium han informado sobre la malhumorada ballena piloto de seis metros que dejó de comer. Los biólogos del acuario necesitaban hacer algo para conmocionarla y obligarla a comer, de modo que vaciaron el tanque hasta dejarlo únicamente con un metro de agua y la ballena empezó a gemir patéticamente. Los delfines la rodearon y la consolaron con sus chasquiddos y su conversación delfinesca. Cuando se llenó de nuevo el tanque, la ballena volvió a comer y se mostró menos agresiva. Luego, está la historia documentada del delfín que salvó a un muchacho de ahogarse porque se había alejado demasiado de la orilla a nado y el delfín lo llevó hasta la orilla; el delfín quedó varado y acabó muriendo. Algunos animales muestran un comportamiento que parece alejarse mucho del objetivo de vivir en función de la reproducción, hasta el punto de que resulta difícil tratar de encajarlo en el rompecabezas de la supervivencia. Este tipo de acto altruista quizá no parezca una estrategia de supervivencia para el animal implicado, al menos superficialmente, pero estos cuidadores contribuyen a la supervivencia de su misma especie y, en ocasiones, incluso de otras especies. Para el cuidador, no se trata de una cuestión de supervivencia personal. El verdadero acto del cuidador es el proceso de autosacrificarse por otro, a veces incluso a costa del propio placer, bienestar e incluso de la propia vida.

Cuando la madre de Robin murió a causa de un cáncer que la afectó durante mucho tiempo, Robin se encontró de pronto con mucho tiempo libre. Había cuidado de su madre durante sus últimos meses de vida y, de entre sus cuatro hermanos y hermanas, fue la que mantuvo con ella una relación más estrecha. Todos se sintieron preocupados ante la posible reacción de Robin tras el fallecimiento y se prometieron ser fuertes para ella. Tenían la sensación de que, probablemente, Robin se sentiría aliviada al no tener que seguir ocupándose de cuidar tan intensamente a su madre. Ante la sorpresa de sus hermanos, Robin actuó como la anfitriona en el funeral y fue ella la que terminó por consolarlos a todos ellos. Se ocupó de tomar todas las disposiciones y envió a cada uno de ellos una hermosa postal. También ayudó a su madre a expresar con palabras una última declaración de despedida para cada uno de sus hermanos y hermanas. Tras el fallecimiento, a medida que pasó el tiempo, cada uno de los hermanos de Robin la llamaba y trataba de que ella le comunicara cómo se sentía. Pero ella tenía una forma muy peculiar de darle la vuelta a la situación y era la que terminaba por ayudarles a ellos. La confusión de los hermanos se intensificó cuando Robin se presentó voluntaria en un hospital para ayudar a otras víctimas del cáncer. En la familia, nadie comprendía cómo iba ayudar eso a que olvidara el trauma de haber perdido a su madre, pero lo cierto es que la ayudó.

El cuidar de otros es una de las pocas estrategias que ha experimentado casi todo ser humano sano de niño. En la mayoría de los rebaños animales, cuando muere o queda incapacitada la madre de un animal joven, la manada se ocupa del pequeño. A menudo, hasta animales machos actúan como padres sustitutos, alimentando y protegiendo al pequeño. En el mundo del animal humano, un niño perdido en unos grandes almacenes atraerá la atención de muchos adultos. En la mayoría de los casos, un niño que necesite alimento será alimentado si un individuo adulto se da cuenta y establece un contacto personal con él. Cuidar de los demás es, hasta cierto punto, algo natural para la mayoría de animales sociales, siempre y cuando el individuo haya satisfecho sus propias necesidades.

Lo que distingue el cuidado normal que se da en los animales, del cuidado como estrategia de supervivencia es que la persona que posee una personalidad de cuidadora realiza actos altruistas incluso cuando ve amenazada la satisfacción de sus propias necesidades o se la niegan. Los verdaderos cuidadores actúan cuando corren un riesgo, cuando se encuentran ante desconocidos. A menudo, el verdadero cuidador actúa de una manera nutritiva, independientemente de la relación, el grado de parentesco y en ocasiones, incluso al margen de la especie de que se trate.

Los cuidadores humanos nos impresionan por la forma que tienen de obtener placer cambiando sus planes con tal de ayudar a los demás, de renunciar a una fiesta o a veces de ser simplemente esa persona amiga que siempre escucha sin plantear ninguna exigencia o control. A menudo nos preguntamos cuáles son exactamente las motivaciones del cuidador a tiempo completo. ¿Es posible que parte de la ayuda que ofrece a los demás se vea motivada en realidad por deseos egoístas de mantener el control y de sobrevivir en su propia vida? El altruismo, ¿tiene que darse siempre a expensas de quien lo ofrece? El verdadero cuidador satisface muchas de sus propias necesidades gracias precisamente a sus actos, que parecen desprendidos. Al cuidar de los demás no se tienen que afrontar muchas de las propias emociones, temores y ansiedades. Los cuidadores tienen un papel definido y muchos de ellos descubren que este tipo de relación unilateral les resulta más fácil que afrontar las desilusiones del toma y daca propio de una relación de doble vía. Los cuidadores se acercan a cada situación, incluso a las crisis de sus vidas, con el deseo de cuidar antes de los demás. El proceso que sigue el cuidador es, a menudo, uno de los más difíciles de comprender y el más difícil de modificar, debido parcialmente a que su actitud es muy valorada por la sociedad en general y, especialmente por las personas a las que cuida.

Cómo funciona el cuidar de los demás

Cuidar de los demás es algo extremadamente importante en nuestra especie, ya que los niños nacen completamente indefensos y desvalidos. Seguimos teniendo el instinto de nuestras raíces de manada animal de ayudar al miembro joven de nuestra especie, aunque no nos beneficie hacerlo así. Si no fuera por los instintos naturales de cuidar a todos los niños que tenemos los humanos, seguramente habríamos destruido a nuestra propia especie. Pero cuando algo tan natural en algunas circunstancias se convierte en un estilo de vida, se pone en marcha un proceso completamente diferente. Ese proceso implica cuatro partes que no son necesariamente secuenciales: identificarse como parte de un universo más grande, sentirse responsable por otros, sentir empatía con otros y abandonarse al sentido del Yo.

El primer paso en el proceso de cuidar de los demás es que los cuidadores se identifiquen como parte de un grupo muy grande o de una especie. La frontera entre el sí mismo y los demás, que existe en personas de otras pautas instintivas, no existe en el cuidador. No se trata únicamente de que forme parte de una familia o se una con otra persona, sino que los cuidadores se ven a sí mismos como parte de un grupo general de personas, como un país, la raza humana o incluso como parte del reino animal. Los verdaderos cuidadores no distinguen las alianzas más pequeñas en la vida y las determinaciones del tipo «nosotros-ellos». Es esta identificación universal la que define su carácter. Aprovechan la oportunidad para cuidar de cualquiera y, en ocasiones, de cualquier cosa, tanto si previamente ha existido una relación o sentimiento de proximidad como si no.

Como quiera que forman parte de esta población universal humana, poseen un sentido ampliado de la responsabilidad para con los demás. Los cuidadores tienen el sentido interno de lo correcto y lo erróneo, así como un fuerte deseo de actuar de un modo que les parezca correcto. En ocasiones, se sienten obligados a enderezar los errores de los demás que han tratado a alguien de manera horrible. Los cuidadores saben intelectualmente que no siempre tienen que actuar de una forma altruista, pero lo hacen de modo automático cuando perciben que alguien necesita ayuda. Su instinto es el de ser responsables y ayudar. Hasta es posible que tengan que resistirse al impulso de ayudar en momentos en que saben que no es lo más correcto que pueden hacer. Se meten en problemas, en lugar de alejarse de ellos y aunque no siempre tratan de solucionar los problemas, siempre prestan apoyo.

La capacidad para sentir empatía es una tercera característica que funciona para permitir que el cuidador se concentre en otros durante la mayor parte de su vida. La empatía es la característica que hace sentir a los cuidadores el dolor y las luchas de los demás como si fueran propias e incluso muchas veces más que las propias. Los límites del dolor de los otros se expanden mucho más allá de las sensaciones de dolor que hayan experimentado. Esa es la sensación que experimenta una madre cuando dice que preferiría estar ella enferma, antes que su hijo. La empatía por los demás es una fuerza impulsora en sus vidas y, al ser tan importante para ellos, dedican mucha energía a concentrarse en las acciones de los demás, antes que en sus propios actos. Los cuidadores se llenan de energía al ver que otras personas se sienten mejor, disfrutan o lo pasan mejor en la vida gracias a algo que hicieron por ellas.

Finalmente, abandonarse al sentido del Yo les permite reducir el nivel de su propio dolor y de sus luchas, para así poder concentrarse en los dolores de los demás. Al amplificar los dolores de los demás, reducen los propios. Puesto que el dolor más fuerte o la amenaza más intensa son las que primero atraen su atención, atienden antes a los demás. En ocasiones, los cuidadores humanos asumen las emociones de otros hasta el punto de que la otra persona se siente liberada de la angustia que, de otro modo, experimentaría. Algunos cuidadores humanos llegan a sufrir los síntomas de las mismas personas a las que ayudan.

Los cuidadores constituyen un interesante estudio en cuanto a equilibrio, ya que las fuerzas de la autoconservación son en ellos más débiles que su empatía por los demás, lo que parece ir en contra del instinto natural de supervivencia. Cuando están equilibrados, los cuidadores provocan un tremendo impacto en los demás y pueden examinar retrospectivamente su vida con una gran satisfacción, al pensar en todas las personas a las que han ayudado. Cuando está desequilibrado, el cuidador tiene a menudo dificultades para aceptar la ayuda de los demás. Al aceptar ayuda, tiene que sintonizar con la esencia misma de su propia debilidad y entonces tiene la sensación de que eso compromete su capacidad para ayudar a los demás. Eso puede conducirle a la depresión y a otras perturbaciones en la vida cotidiana.

Los deleites del delfín: ventajas del cuidador

La lealtad y el respeto son los elementos fundamentales de las relaciones de los cuidadores. No tienen que afrontar los problemas a solas si no lo desean. La gente lo hace por ellos porque se siente bien haciéndolo así. Consiguen sacar a relucir lo mejor de los demás, no sólo a través de la ayuda que ofrecen en los buenos tiempos, sino también en los momentos de sus propias crisis. A menudo terminan animando a mucha gente a serles fieles durante toda la vida.

Dani trabajó duro como doctora y experimentaba profundos sentimientos por los demás. Inició un programa para trabajar con adolescentes en la comunidad donde vivía. Debido a su sentido innato de ser capaz de cuidar de los demás, los adolescentes acudían complacidos a ella y su consulta fue creciendo hasta convertirse en una clínica, luego en un centro residencial para adolescentes de la calle en su zona y finalmente empezó a conseguir fama en otras partes del país. Raras veces cobraba por sus servicios. Descubrió que ayudar a los jóvenes le permitía aprender mucho sobre sí misma y era muy buena a la hora de mantener su propia vida equilibrada, gracias a haber aprendido que todas las cosas pasan con el tiempo, como sucedía con algunos de los peores años de la adolescencia. También aprendió el valor que tienen las pequeñas correcciones con el transcurso del tiempo, en lugar de intentar hacer grandes correcciones que frecuentemente no hacen sino descentrar aún más a la persona.

A medida que la gente le enviaba a sus hijos, terminó por crear una pequeña comunidad de adolescentes y adultos a los que había ayudado, gente que tenía la sensación de deberle algo por haber recibido su ayuda para volver al camino correcto. Ella nunca dio demasiada importancia a toda la gente a la que había ayudado y nunca aceptó ayuda cuando la necesitaba. Nunca esperaba nada de nadie y se limitaba a hacer su trabajo. Pero cuando aparecía un momento de crisis, la gente a la que había ayudado estaba allí, a su lado.

Después de asistir a una función de teatro, cuando regresaban a casa a pie, un grupo de seis adolescentes salió al paso de Dani y de su esposo, Jerry, aparentemente con la intención de robarles. Jerry no tuvo inconveniente en entregarles su cartera, pero por lo visto tenían peores intenciones, ya que dos de ellos sujetaron a Dani y empezaron a desgarrarle la blusa. Jerry se revolvió contra ellos y recibió once puñaladas y una fuerte paliza. Tuvo que pasar horas en la sala de operaciones para reparar todo el daño causado y detener la hemorragia, después de lo cual pudo iniciar una larga recuperación.

Dani regresó a casa casi 36 horas más tarde para encontrarse con que su hogar había experimentado un cambio: sus hijos estaban siendo cuidados por unos adultos que en otros tiempos habían sido adolescentes a los que ella había tratado y que ahora habían establecido un horario para cuidar de ellos mientras fuese necesario y ella atendía a su marido. La nevera estaba llena y las familias a las que había ayudado se turnaron para llevarla y traerla en coche al hospital y para atender a todas sus necesidades. Hicieron incluso una colecta para pagarle la hipoteca y todas las facturas del hogar durante ocho meses, porque sabían que Dani y Jerry no podrían trabajar durante un tiempo. En los casi seis meses que transcurrieron hasta que la vida familiar de Dani pudo ir recuperando de nuevo la normalidad y el equilibrio, no hubo un solo momento en el que ella tuviera que ocuparse de nada más que no fuera ella misma y su marido. Siempre había gente que acudía para comprobar si se necesitaba algo. Pero lo más hermoso fue que todos se sintieron felices de hacer algo que nunca habían hecho hasta entonces y que, probablemente, no habrían hecho por nadie más. Cuidadora, como era, Dani organizó una gran fiesta para todos una vez que Jerry se hubo recuperado por completo.

La ventaja del cuidador es la belleza que sabe inspirar en los demás. Aquellas personas a las que ayuda inspiran a otras a hacer lo mismo cuando se necesita. El cuidador sano siempre cuenta con un grupo de gente al que puede acudir en caso de una crisis. Si necesita un favor, siempre encuentra a alguien que se lo haga. Y la gente se siente bien cuando le ayuda. Quizá exista un problema con el cuidador que a veces no parece muy dispuesto a aceptar ayuda, pero cuando la necesita, la encuentra.

Se desearía tener a un cuidador cerca cuando uno se siente mal o cuando se necesita ayuda, así como cuando se precisa a alguien en quien confiar. Y, sobre todo, se desearía tener cerca a un cuidador porque ellos son los que organizan las mejores fiestas, con mayor frecuencia y los que más se preocupan por asegurarse de que todo el mundo se lo pase bien.

El proceso de cuidar de los demás no siempre significa disminuir la atención de las propias necesidades. El cuidador fructífero ha aprendido que el camino que conduce a su mayor felicidad pasa por concentrarse en los deseos, necesidades y motivaciones de otras personas. Es a través de estas habilidades como puede interactuar con el mundo y en muchas ocasiones aprende mucho sobre sí mismo. Es capaz de involucrarse en muchas situaciones, con un intensificado sentido de la paciencia por los caminos que puede seguir la vida y con la actitud de que se produce una convergencia del bien en el universo que actuará por el bien de todos.

El obstáculo del que ayuda: las desventajas del cuidador

La ardilla de Belding, miembro de la familia de los roedores, puede parecer bonita a algunas personas o, por lo menos, una simple rata con pelaje. Pero, para otras ardillas, es una heroína.

Cuando una ardilla de Belding ve un depredador, lo anuncia a todas sus congéneres con una llamada de advertencia, una especie de sirena mamífera de aviso de ataque aéreo, para que las demás ardillas se puedan dispersar. Esa llamada de advertencia se produce con una total desconsideración hacia su propia seguridad, algo que, en muchas ocasiones, el animal paga con su vida.

Judith conoció a Max, el hombre de sus sueños, e inició con él una relación sentimental muy apasionada. Finalmente tenía a alguien a quien cuidar, alguien que la amaba tal y como ella quería ser amada. Transcurrió menos de un año desde que se conocieron hasta que se casaron y empezaron a vivir juntos. Compartían los mismos objetivos respecto de la familia, de modo que al cabo de otro año tuvieron su primer hijo y luego un segundo hijo y una casa nueva. Finalmente, Judith había realizado el sueño que siempre deseó, y todo ello en poco más de un par de años. Ella se ocupaba de todo en el hogar. Era la madre perfecta y la esposa perfecta, o eso era lo que se imaginaba.

Max estuvo muy ocupado en el trabajo y la mayoría de las noches se quedaba hasta muy tarde. Judith siempre le tenía la cena preparada cuando regresaba. A veces, Max volvía a casa y decía sentirse demasiado cansado incluso para cenar. Judith pasaba la mayor parte del tiempo con sus hijos y la mayoría de las conversaciones que mantenía con su esposo giraban alrededor de ellos. Ella misma cortaba el césped, porque sabía que Max querría relajarse los fines de semana y no preocuparse por nada. Judith disfrutaba siendo una buena esposa a la que no le importaba que su marido permaneciera ocioso los fines de semana, viendo un partido de fútbol en la tele o jugando al golf. Max se sentía innecesario en casa, ya que Judith no aceptaba gran cosa de él, incluso cuando él deseaba dar. Entonces, empezó a buscar algún otro lugar en el que se le necesitara.

La relación extramatrimonial de Max le produjo una gran conmoción a Judith y cuando dijo que le perdonaría no pudo creer que él ya hubiera tomado la decisión de marcharse. Sólo habían estado casados cinco años y «¿qué clase de hombre abandonaría a su familia?». No tenía forma de comprenderlo. No dejaba de repetir que había hecho todo lo que un hombre pudiera desear. ¿Por qué se marchaba?

Los meses que siguieron al divorcio fueron de muy intenso dolor e incredulidad para Judith. Sus amigos trataron de ayudarla, pero ella siempre les decía que estaba bien. No quería hablar con nadie de lo que le pasaba. Afrontó ella sola toda la situación y empezó a sentirse amargada por el hecho de que nadie la ayudara, a pesar de que, esencialmente, era ella misma la que rechazó todas las ofertas de ayuda que se le hicieron. Su resentimiento la aisló de sus amigos y le hizo concentrarse por completo en el cuidado de sus hijos. Durante muchos años no sintió el menor interés por conocer a ningún otro hombre o por formar parte de ningún club social. Cuando sus hijos se hicieron mayores, les recordaba constantemente todo aquello a lo que había renunciado por ellos. Sus propios hijos la apodaban «la mártir», «la reina de la culpabilidad» y «la gran quejica».

Cuando una crisis afecta a la vida de un cuidador, puede provocar una incontrolable oleada de miedo a la que no tienen forma efectiva de enfrentarse. Al hallarse en una situación de crisis, su primer impulso consiste en tratar de ayudar a otros. Si eso les resulta posible, son capaces de adaptarse con relativa facilidad, pero en ocasiones no tienen a otros de los que cuidar. Al no disponer de la capacidad para concentrarse hacia fuera, tienen que permitir que otros les cuiden. Un médico es el peor paciente y, del mismo modo, el cuidador es el peor receptor de cuidados. Judith se sintió bien mientras tuvo que cuidar a sus hijos, pero a medida que se hicieron mayores no tuvo más remedio que ocuparse de sí misma.

Al principio, los cuidadores pueden aceptar los intentos de ayuda de los demás, pero lentamente empiezan a sentirse muy culpables por el hecho de sentirse necesitados de ayuda. Esa culpabilidad conduce a menudo a una depresión que se profundiza a medida que va quedando limitada su capacidad para atender a otros. El peor sentimiento que puede tener un cuidador es el de tener que depender de otra persona. Los cuidadores se sienten como si les faltara un propósito en la vida y la alienación con respecto al resto del mundo se convierte entonces en resentimiento, a menudo hacia su propio sentido de espiritualidad o fe en Dios. Empiezan a creer que el mundo no es justo y terminan cerrándose por completo al mundo exterior. No es el temor a lo que se enfrentan, sino a la falta de voluntad. Terminan por abandonar y la única forma de mantenerlos con vida consiste en lograr que vuelvan a sentirse necesarios.

En ocasiones, el precio del autosacrificio es demasiado. La ardilla de Belding sacrifica físicamente su vida, del mismo modo que Judith sacrificó emocionalmente la suya. Una de las tareas más difíciles para un cuidador es la de encontrar equilibrio en sus relaciones íntimas. Si no hay reciprocidad en el amor que se da, la mayoría de las relaciones están condenadas a un mal destino. El cuidador desequilibrado no es bueno para recibir amor y permitir que otro se cuide de él. Puede hacer que su pareja tenga la sensación de que posiblemente nunca podrá compensar todo lo que el cuidador le ha dado y eso no hace sino aumentar la alienación. El cuidador necesita mantener controladas estas tendencias si quiere establecer una vida sana para sí mismo y para las personas que le rodean.

Curarse a sí mismo: guía para ser un mejor cuidador

El altruismo en el reino animal ha sido calificado como «la gran paradoja» porque no encaja en el molde de favorecer la supervivencia para procrear. Las abejas son un estudio particularmente interesante en altruismo social. Muchas obreras son incapaces de procrear y, sin embargo, trabajan incansablemente para que otras puedan hacerlo y clavarán su aguijón en un intruso, sacrificando así sus propias vidas. Los biólogos empezaron postulando la teoría de que eso sólo se hace en el reino animal por los parientes y lo llamaron «adaptación inclusiva» porque parte de los genes de los animales se transmiten. Cuando los científicos descubrieron que los animales se sacrifican por otros que no son parientes, lo llamaron «altruismo recíproco», porque, según dijeron, los animales pueden ser altruistas si esperan a cambio un comportamiento de ayuda. Pero, probablemente, un animal que sacrifica su vida no lo hace por reciprocidad. Lo más evidente es que, en ocasiones, el cuidador renuncia a toda capacidad para cuidar de sí mismo y termina por sacrificar una vida potencial de cosas buenas en favor de un momento de desprendimiento.

Si es usted un cuidador, tiene que controlar estas tendencias negativas. Los cuidadores suelen hacer demasiado por los demás y la gente espera continuamente más y más de ellos. Eso hace que cada vez sean menos efectivos y que empiecen a sentirse quemados. Los cuidadores no suelen manejar bien la crítica. Saben que están haciendo cosas buenas en interés de los demás, por lo que se preguntan cómo puede haber alguien capaz de criticarlos. Lamentablemente, siempre hay demasiada gente dispuesta a criticar a otros y el ser activo en la tarea de ayudar a los demás le interpone a uno perfectamente en el camino de la persona crítica. En Estados Unidos se informó en los titulares de la prensa nacional de un incidente ocurrido con un delfín no domesticado de Florida al que los biólogos marinos llamaban «Beggar», que mordió a un par de turistas que trataron de acariciarlo. Un ejemplo que no encajaba en el estereotipo empezó a manchar así a toda la especie de delfines. Un artículo llegó a sugerir que, a pesar de oír hablar de personas que han sido salvadas por los delfines, ¿sabríamos alguna vez si acaso no habrían arrastrado a la mitad de la gente al mar? La crítica dirigida contra el cuidador puede ser bastante brutal cuando éste se comporta de un modo impropio de su carácter.

Los cuidadores tienden a proyectar sus sentimientos de nutrición hacia la psique de los demás y están convencidos de que los demás deberían sentir la compasión que ellos sienten y ofrecer los cuidados que ellos ofrecen. Pero los sentimientos de los cuidadores son exclusivamente suyos y al proyectarse sobre los demás, la mayoría de las veces no harán sino encontrar decepción. Eso crea a su vez el resentimiento y, al cabo de un tiempo, el cinismo. Cada una de estas tendencias tiene que afrontarse para que la persona pueda ser sana y efectiva como cuidadora. La forma de mejorar como cuidador es la siguiente:

1. Controle el exceso de cuidados que ofrece a los demás.
2. Aprenda a manejar la crítica.
3. No obligue a los demás a tener buenas intenciones.
4. Sea el receptor en todo lo posible.

Controle el exceso de cuidados que ofrece a los demás

La principal frase a aplicar aquí es que debe aprender a «establecer límites». Seguramente, ha oído esa expresión miles de veces, pero si es un cuidador será mejor que se la tome en serio. Si trabaja en una profesión de ayuda y atención a los demás, concéntrese en sí mismo cuando esté en el hogar o al realizar sus actividades de ocio. Procure crear marcos de tiempo que pueda utilizar para ser útil y para cuidar a los demás, pero también establezca otros para concentrarse en alcanzar la propia felicidad, no la de los demás. Este es un mundo en el que la gente se ocupa cada vez más de sí misma, donde hay cada vez más organizaciones que dependen de la generosidad de la gente, donde ésta necesita más ayuda que nunca. Aumenta el número de personas necesitadas de ayuda y cada vez son menos los que están dispuestos a ayudar, lo que significa que, una vez que haya sido identificado como cuidador, la sociedad encontrará para usted mucho más trabajo del que sea capaz de manejar. La gente lo utilizará hasta el agotamiento. Procure establecer límites para no ver destruidas las partes maravillosas de su personalidad por las exigencias de un mundo agobiante.

Aprenda a manejar la crítica

En la sociedad actual sucede a menudo que la persona extraordinariamente altruista atrae hacia sí los recelos y la crítica. Es posible que quienes le critican no comprendan los actos de desprendimiento y puedan acusarle de estar a su propio servicio como lo están ellas. En ocasiones, ello se debe a que no se sienten felices con su mundo y no son capaces de manejar el placer que usted aporta a los demás. Algunas personas se muestran en principio contrarias a todo, con la sensación de que son las grandes valedoras de la realidad y de que su valor en la vida radica en practicar agujeros en los sueños y en las buenas ideas de la gente. Sea cual fuere la razón, al hacer algo extraordinario ha descubierto usted su forma de llegar hasta su puerta y será criticado por ello. Procure utilizar su compasión para sentir pena por ellos, porque harán que su propia vida sea miserable, al tiempo que intentan hacer miserable la vida de los demás. Las personas menos felices del mundo son los críticos. Si es usted lo bastante afirmativo, enfréntese a ellos y luego aléjese. Criticar al crítico no hace sino provocar su ira y nuevas críticas.

No obligue a los demás a tener buenas intenciones

Como cuidador, es imperativo que se de cuenta de que todos los demás no comparten sus mismos sentimientos de ayuda a los demás y desprendimiento. Todo el mundo cumple una función que hace funcionar el mundo y ayudar a los demás como un estilo de vida es una función especializada que no debería ser generalizada. Claro que sería hermoso que todo el mundo tuviera algún aspecto del cuidador, pero del mismo modo que sería hermoso que tuviéramos algún aspecto de todos los instintos animales (y, en cierto modo, así nos sucede). Al empezar a obligar a los demás a sentir lo que usted siente se predispone para experimentar alteraciones cuando los demás no le muestren reciprocidad. La teoría del altruismo recíproco, que los investigadores proyectan sobre el reino animal sólo es eso, una teoría y no una realidad en el mundo humano. Si usted da, recibirá, pero la recompensa es la buena sensación que se obtiene de saber que se ha ayudado a alguien y no siempre un acto de desprendimiento por parte de aquellos a quienes se ha ayudado. Al controlar el impulso de forzar en los demás sus propios sentimientos e intenciones positivas, disminuirá el riesgo de no disfrutar de ayudar a los demás y de sentirse utilizado.

Sea el receptor en todo lo posible

Procure tener bien claro que dar sin recibir altera el equilibrio de otras personas y niega algunas de sus buenas intenciones. Si es usted siempre el que organiza las fiestas, quien paga la cena, se ocupa de las cuestiones difíciles de la vida, estará introduciendo un elemento de desequilibrio en sus relaciones. Si éstas se hallan muy desequilibradas, algunas personas se sentirán culpables por no hacer lo suficiente por usted y por no sentirse cómodas en su compañía. Debe tener cuidado si alguien sugiere que se ocupará de algo o le regala o le lleva algo, resistiéndose a su impulso de ayudar a esa persona o de rechazar su ayuda, aun cuando lo que esté haciendo por usted sea difícil para ella. Esa es la lección más dura que tiene que aprender el cuidador y, probablemente, sea la razón por la que un hombre, cuando es un cuidador, desconcierta a las mujeres, ya que da amor sin recibirlo. Uno de los mayores placeres de la vida es dar. Cuando se toma, la relación sentimental tiene menos valor. Permita que alguien le de, del mismo modo que usted da a los demás. Permita que alguien se cuide de usted.

Un cuidador equilibrado es un hermoso don para el mundo, pero si está desequilibrado lucha contra todas las fuerzas de la naturaleza. Si es usted un cuidador, busque y encuentre el equilibrio que le permita convertirse en un regalo para los demás, no en un mártir. Empiece por sí mismo y muestre a los demás el proceso de ayudar, mediante su propio ejemplo de aceptar ayuda. No intente sacrificarse y realícese más bien a través de los demás. Si es usted un cuidador, aprenda a disfrutar de todos los beneficios de una vida dedicada a ayudar y reconozca siempre ser un instrumento de compasión y misericordia y no simplemente de lo que consiga. Cuide primero de ese instrumento.

Resumen

El cuidador

Tipo de animal

- Delfín

Características positivas

- Cuida con amor.
- Consigue que uno se sienta bien consigo mismo.
- Organiza muchas fiestas.

Características negativas

- No acepta fácilmente el amor y el cuidado de los demás.
- Con tendencia a convertirse en mártir.

Para mejorar, concentrarse en

- No excederse en los cuidados que ofrece a los demás.
- Aprender a manejar la crítica.
- Ser, en todo lo posible, el receptor de buenos actos.

Capítulo 9

Espinas y puercoespines
El afirmador

¿QuÉ sucedería si el filete de aspecto tan delicioso que acaba de ver en la carnicería aumentara repentinamente diez veces de tamaño, le salieran espinas y apareciese un cartel advirtiendo que contenía una dosis de veneno? Sería insólito que ignorase una advertencia de este tipo. De repente, sus planes para la barbacoa podrían inducirle a decidirse por la sección de pollos de la carnicería. Pues eso es exactamente de lo que depende el pez globo japonés conocido como fugu. Traga agua y aire y se hincha hasta el punto de ser demasiado grande como para que lo devoren de un solo bocado. Cambia de color para hacer saber a los demás que contiene uno de los venenos más letales del mar: la tetrodotoxina. Y, como extraños animales humanos que somos, el disfrute del fugu crudo, expertamente preparado como sushi, se ha convertido en una especie de ruleta rusa gastronómica. A pesar de que es ilegal en Estados Unidos, los comensales llegan a pagar hasta cuatrocientos dólares por una comida secreta, simplemente para ver si morirán a causa del veneno o, simplemente, experimentarán un ligero hormigueo en los labios.

Lori era una mujer tan joven y bonita como pudiera encontrarse en una gran ciudad. Se mantenía en buena forma, vestía a la moda y eran muchos los hombres que se sentían atraídos por ella.

Y, lamentablemente, los hombres solían aproximarse a ella con algunas de las frases introductorias más patéticas o tópicas que se pueda imaginar. En los lugares inapropiados y varias veces al día, alguien se insinuaba a Lori y, según decía ella, raras veces se trataba de una persona con la que realmente deseara hablar. Ya desde muy joven, Lori desarrolló la habilidad para percibir cuándo se le acercaba alguien con la intención de insinuarse. Los rechazaba de plano, diciéndoles primero algo sarcástico, como: «Espero que no sea usted uno de esos hombres que creen tener una idea original», o «No me dé razones para reírme de usted con mis amigas». La mayoría de los hombres seguían su camino, en lugar de decir-le lo que tenían la intención de decirle, o bien le soltaban una indecencia y se alejaban. Los que se quedaban para hablar sabían inmediatamente que era ella quien llevaba el control.

Los animales que muerden, tienen mal sabor, pican, irritan, pinchan, envenenan, huelen mal o aguijonean se están afirmando básicamente a sí mismos, advirtiendo a los demás que no desean convertirse en una presa. Esta estrategia de supervivencia sólo pretende disuadir de la interacción. Se ponen una armadura reactiva, que es como una concha exterior que tiene la habilidad para explotar hacia fuera cuando alguien se acerca demasiado, en lugar de absorber el impacto de un golpe. La armadura reactiva intenta alejar a los depredadores antes de que se acerquen lo suficiente como para causar daño. Uno de los afirmadores más reconocibles de la naturaleza es la mofeta, un pequeño mamífero blanco y negro, del tamaño aproximado de un gato, que parece disponer de muy pocas defensas para sobrevivir. A pesar de ello, la mofeta camina con bastante libertad por el bosque, ya que la mayoría de animales han aprendido por experiencia propia a no molestarla. Al verse amenazada, se dobla sobre sí misma en forma de U, con la cabeza y la cola dirigidas hacia el lugar de donde procede la amenaza y expulsa dos corrientes de fluido hacia el depredador. El fluido en cuestión es muy tóxico, provoca náuseas y una sensación de quemazón, pero se le conoce mejor por el hedor extremadamente fuerte que parece imposible de eliminar del animal que ha recibido la rociada. Tras haberse afirmado de ese modo ante un animal, la mofeta raras veces vuelve a ser atacada por el mismo. El comportamiento de la mofeta se ha convertido en un símbolo gráfico de la armadura reactiva que se ponen los animales: en cuanto algo les amenaza, atacan primero y disuaden de futuras amenazas.

Los afirmadores humanos también tienen esta armadura reactiva. Muchas personas que no desean una relación se vuelven muy groseras o desagradables para desanimar a todo aquel que quiera acercarse demasiado. En situaciones problemáticas o de supervivencia, empujan a todo el mundo a un lado para disuadirles de interponerse en su camino mientras se dirigen de cabeza hacia un objetivo. Los afirmadores humanos suelen concentrarse mucho en alcanzar un objetivo y utilizar cualquier medio para ello. Utilizan sus habilidades para mantener su posición de fuerza y control. Comprenden los temores de los demás y saben cómo hacer que eso funcione en su favor. Son buenos en establecer un plan y lograr que se realice sin dilación. Mantienen una posición fuerte, disuaden a todo aquel que pretenda interponerse en su camino pero en ocasiones son un poco difíciles de tragar, como el pez globo.

Cómo funciona la afirmación

A diferencia de muchos de los otros instintos, la afirmación no es algo que ocurra con naturalidad y que aparezca en todas las personas, dependiendo de la situación. La gente suele tener la capacidad para ser afirmativa o no. Una de las claves para comprender la afirmación es que, en realidad, se trata de cuatro procesos: elegir un objetivo, decidir qué se necesita para alcanzarlo, limitar todas las alternativas que no supongan avanzar en la dirección deseada y disuadir de cualquier desviación futura de perseguir el objetivo.

El afirmador tiene que elegir primero un objetivo. A veces, ese objetivo es, simplemente, el de mantenerse a salvo, mientras que en otras ocasiones consiste en lograr algo. El objetivo, al margen de cuál sea este, pasa a ser más importante que otras cosas en la vida y se descarta todo aquello que no encaja en su consecución. Por ejemplo, sucede muchas veces que los mejores vendedores no quieren escuchar o darse cuenta del rechazo. Simplemente creen que caen bien a todo el mundo y, en consecuencia, actúan haciendo caso omiso de los sentimientos y pensamientos de otros. La expresión «el fin justifica los medios» fue creada probablemente por una persona cuya principal estrategia de supervivencia era la afirmación. Los afirmadores tienden a ser maquiavélicos, lo que significa que favorecerán la consecución de los objetivos, antes que tener en cuenta los sentimientos de las personas.

Una vez elegido el objetivo, todo se concentra en lo que se necesita para lograrlo. Los afirmadores son un tanto utilitarios en su visión de los demás. Si una persona encaja en su esquema de conseguir lo que desean, tendrá una mayor oportunidad de continuar una relación; en caso contrario, el afirmador encontrará a otra persona que encaje. Simplemente, tratan de alcanzar el objetivo propuesto y organizan la forma de aproximarse a él. Lo mismo cabe decir de lograr algo que se necesite para alcanzar el objetivo. El afirmador tiene en muy poca consideración las ramificaciones de comprar, poseer o incluso robar lo que necesita para seguir funcionando. Tiene la sensación de que podrá enfrentarse más tarde a los otros problemas que sus acciones hayan podido causar. Su concentración es tan fuerte que, en muchas ocasiones, las víctimas son los sentimientos de los demás.

Una de las claves de la técnica del afirmador consiste en limitar todas aquellas otras alternativas que no sean alcanzar su objetivo. El éxito es la única opción. El afirmador no conoce el significado de la palabra «no». Puesto que, en general, es de todos modos menos sensible a las reacciones de los demás, persistirá con alguien hasta que alcance lo que se ha propuesto alcanzar. La mofeta despedirá su chorro maloliente hasta que haya desaparecido la amenaza. El afirmador llamará, proporcionará información negativa sobre los demás, hará cualquier cosa que sea necesaria para alcanzar el objetivo. Puede llegar a convertirse en tal molestia que la única forma de desembarazarse de él es seguirle la corriente y hacer lo que desea. Y, para mantenerse motivados, suelen disponer de una buena reserva de frases motivacionales que utilizan para justificar el hecho de actuar exactamente como desean actuar.

Una vez alcanzado el objetivo, el siguiente paso consiste en disuadir de cualquier desviación que pueda producirse en el futuro con respecto a ese mismo objetivo. Los afirmadores tienen que asegurarse de que nunca se van a encontrar con oposición y de que nunca volverán a ser atacados. Eso lo consiguen al procurar que sea tan desagradable no seguirles la corriente que la gente termine haciendo lo que se les dice. Con el afirmador todo se reduce a una cuestión de control. El afirmador tiene que mantener en todo momento el control de su medio ambiente. Mantiene a raya a la gente, conserva el control del ambiente y a menudo reacciona de forma extremada si algo está fuera de lugar.

Un afirmador positivo tiene muchas formas de obtener lo mejor de la gente y de sí mismo. Un afirmador negativo dispone de muchas formas de obtener lo peor de la gente y de sí mismo. Está claro, sin embargo, que cuando los afirmadores se empeñan en alcanzar un objetivo, se convierten en una fuerza dominante, tanto si se hallan rodeados de personas como de cosas. Si surge una situación que no controlan, harán algo por recuperar el control o por terminarlo. Pocas personas dejan de tener una opinión sobre el afirmador. O bien les gusta su actitud, o no les gusta. En el mundo en blanco y negro de la mofeta hay poco lugar para los grises.

Una mofeta puede ser un perfume: ventajas del afirmador

Anna Lauren se sorprendió al enterarse de que su hijo de seis años tenía dificultades en la escuela para aprender al nivel de sus otros compañeros. La maestra le dijo que su hijo iba a estar bien, pero que necesitaba recibir atención extra en el hogar. Anna Lauren pidió que se examinara al niño para que recibiese alguna ayuda extra en el propio colegio, pero la maestra le dijo: «Algunos niños necesitan más atención de sus padres que otros». Anna Lauren no quiso aceptar esa clase de respuesta.

Empezó a trabajar un poco más con su hijo y observó que sólo tenía dificultades en ciertos ámbitos. Acudió a un centro de aprendizaje para averiguar algunas ideas sobre cuál podría ser el problema y allí le sugirieron la realización de exámenes. Anna Lauren estudió las políticas y leyes que gobiernan las escuelas y redactó una carta en la que solicitaba la realización de exámenes, recordándole a la escuela que ésta tenía la responsabilidad de llevar a cabo el examen solicitado si ella lo pedía. La maestra y la directora la llamaron y le preguntaron por qué armaba tanto jaleo, acusándola de no estar dispuesta a realizar en su propio hogar el trabajo extra que, según ellas, era necesario hacer con su hijo. No fueron amables y, evidentemente, no estaban dispuestas a ofrecerle el servicio que necesitaba su hijo. Anna Lauren grabó la conversación.

Luego, envió a la directora una copia de la cinta y un conjunto de cartas que había escrito, amenazando con enviarlas al consejo escolar, al periódico local y al departamento de educación del estado. La directora la llamó al día siguiente y le preguntó si, hasta que se efectuara la valoración, se sentiría satisfecha poniéndole a su hijo una profesora de lectura individual durante tres horas a la semana. Anna Lauren se mostró encantada de aceptar la oferta. Un mes más tarde, los exámenes demostraron que su hijo tenía una discapacidad de aprendizaje y, probablemente, necesitaría de ayuda extra. Después de dos años y medio de atención especial en la escuela, su hijo consiguió leer por encima del nivel medio de su curso y dejó de necesitar ayuda.

El afirmador no acepta un no por respuesta. No se concentra en la gente, sino en los objetivos a alcanzar. Muchas personas sugieren que el afirmador no nace, sino que se hace, sin tener en cuenta las pautas instintivas. Cuando se aprende a ser afirmativo se está aprendiendo a expresar con fuerza los sentimientos y a conseguir lo que se desea sin ser ni demasiado agresivo ni demasiado pasivo. Pero no todo el mundo es capaz de aprender esta habilidad y contar con el apoyo de un buen afirmador puede tener un gran valor. Los afirmadores suelen ser las personas más adecuadas para realizar un trabajo que exija concreción y que, en la situación correcta, se ocupen de que todos reciban lo que merecen. También querrá tener a un afirmador a su lado cuando se necesite realizar un esfuerzo persistente, o cuando se necesite que alguien siga una tarea hasta su realización. También querrá tenerlo a su lado, apoyándole, cuando se encuentre atrapada en una jungla burocrática. Y si alguna vez tiene que enfrentarse con un matón, querrá tener a su lado a un afirmador que sea capaz de tragar mucha agua, hincharse y asustar al contrario.

Resulta difícil acariciar a un puercoespín: las desventajas del afirmador

El mono aullador negro, llamado a veces babuino de Belice, se encuentra en los bosques de América central. Son muy territoriales y no les gusta que otros animales entren en la zona que ocupan. Emiten el grito más fuerte entre todos los animales del bosque de Belice y parecen capaces de asustar a la mayoría de los animales que traten de penetrar como intrusos en sus terrenos de alimentación y apareamiento. Pero, si eso no funcionara, cuentan con una segunda línea de defensa. Se suben por entre la maraña de ramas que cuelgan sobre el bosque y se sitúan de tal modo que puedan orinar y defecar sobre los intrusos. Eso molesta a la mayoría de los recientemente ungidos visitantes, que se alejan a otra zona del bosque, aunque algunos hacen el esfuerzo extra de intentar atrapar al mono para su cena.

Mientras se encontraba lejos de casa, en su primer año de estudios universitarios, detuvieron al hijo de Christopher comprando droga en cantidades suficientemente grandes como para sugerir que también la vendía. El muchacho le explicó a su padre que, en realidad, no vendía, sino que la obtenía para sus amigos. La policía lo pilló con las manos en la masa y lo detuvo, acusándolo de posesión con la intención de vender.

Christopher habló con algunos de los amigos de su hijo, que apoyaron su versión según la cual él no era sino el encargado de adquirir la droga para una fiesta en la que participarían todos ellos. Christopher se enojó mucho, pero estuvo decidido a que esto no arruinara el futuro de su hijo. Concentró su objetivo en conseguir que el ayudante del fiscal del distrito retirase las acusaciones y permitiera que fuese la propia familia la que manejase el problema, con el debido asesoramiento y siguiendo reglas estrictas. El ayudante del fiscal del distrito era un hombre joven que acababa de abandonar la facultad de derecho y se mostró receptivo a la sugerencia, pero deseaba que transcurriese un poco de tiempo antes de tomar una decisión. Christopher no fue paciente y no quería dejar el futuro de su hijo al vaivén de los caprichos de un abogado novato.

La primera llamada que hizo a continuación fue al fiscal del distrito, solicitando su intervención. Christopher razonó con el hombre, de padre a padre, pero su propuesta fue rechazada, ya que no existía el deseo de interferir en el asunto mientras el responsable del mismo no tomara una decisión. A continuación, Christopher se puso en contacto con miembros dirigentes del partido político al que pertenecía el fiscal del distrito, solicitando su intervención. Sus llamadas en favor de la postura de Christopher se encontraron con una petición de paciencia. Christopher ofreció entonces una gran contribución al partido si se retiraban las acusaciones y fue nuevamente rechazado. Su actitud empezaba a incomodar a algunas personas.

A continuación, llamó a alguien pidiéndole el favor de que le pusiera en contacto con el congresista del estado para pedirle que interviniera y obtuviera un compromiso del juez para que ordenara tener indulgencia. El personal del congresista examinó el tema y le pidió a Christopher que esperase a ver qué oferta se le podía hacer. Entonces, Christopher llevó a cabo ciertas investigaciones sobre casos pasados que habían sido solucionados y escribió una carta al ayudante del fiscal del distrito exigiéndole igual tratamiento para su hijo si no quería que el caso saliera en los periódicos. La oficina del fiscal del distrito se disponía a aplazar la vista del caso durante un año, para luego retirar la denuncia si el joven estudiante mantenía una buena conducta durante ese tiempo, pero la carta amenazadora del padre les enfureció de tal modo que su única oferta consistió en acusar a su hijo de un delito menor. En el caso de que Christopher y su hijo no aceptaran la oferta, procesarían al joven por un delito mayor. Christopher se disponía a replicar y seguir luchando cuando su hijo visitó al fiscal del distrito y aceptó la oferta de acusación por mala conducta.

Uno de los riesgos de la afirmación se presenta cuando el afirmador se concentra demasiado y pierde la paciencia. En ocasiones, la tendencia a luchar y defenderse, que despliega el afirmador, resulta tan irritante para los demás que estos hacen incluso esfuerzos adicionales por resistirse y causar daño. Una segunda desventaja del afirmador queda ilustrada en la historia del puercoespín.

El puercoespín es otro de esos animales afirmadores que nos resultan tan familiares y que tiene capacidad para ahuyentar el peligro como ningún otro animal. Sobre su cuerpo puede tener hasta 30.000 púas de extremo incisivo para actuar como armas. Las púas del lomo son más largas que las de delante para poder arrojarse mejor contra los animales. Al verse amenazado se vuelve de espaldas al depredador y agita la cola de un lado a otro. Si un enemigo es alcanzado con la cola, algunas de las púas se desprenden y se clavan en los músculos del atacante, no sólo ahuyentándolo sino enloqueciéndolo hasta que logra quitárselas. No obstante, hay algunos animales que, a pesar de todo, siguen tomando al puercoespín como presa. El pequeño animal no tiene púas en la parte inferior y los otros animales y sobre todo la marta pescadora, de la familia de las comadrejas, saben que si se mueven furtivamente por debajo del puercoespín y logran darle la vuelta, éste queda indefenso. El afirmador humano también es vulnerable del mismo modo.

La estrategia del afirmador consiste en mantener alguna clase de fortaleza y control sobre la situación. La descomposición de esa fortaleza y control conduce a los sentimientos opuestos: la impotencia y la ausencia de control. Se convierten entonces en el puercoespín tumbado sobre su lomo. En momentos de crisis, cuando quizá la afirmación no es una técnica útil, esa impotencia y sensación de pérdida del control puede conducir al afirmador a tomar algunas medidas bastante desesperadas.

Cuando a una persona acostumbrada al poder se le hace sentir impotente, se queda inmediatamente inmovilizada y encuentra poca capacidad para cuidarse incluso de las funciones diarias. Se identifica inmediatamente como un fracaso en todos los aspectos de su vida y tiene la sensación de que es inútil seguir haciendo esfuerzos por sobrevivir. Cuando se está en un nivel bajo, eso produce un sentimiento de estar quemado y de una gran frustración, pero en los niveles altos conduce al más completo agotamiento. Entonces ven cada desafío como incomprensible y les falta moral para intentar siquiera una nueva posibilidad.

La pérdida de control sobre su vida conduce a una pérdida de control sobre sus emociones y llegan entonces a tener la sensación de que se están «agrietando». Pierden todo sentido de la lealtad hacia los demás y toda capacidad para disfrutar de los éxitos del pasado. Se sienten ahora totalmente impotentes y extremadamente proclives a la enfermedad, ya que la falta de atención hacia su propia salud acaba por desactivar su sistema inmunológico natural. Muchas víctimas de ataques cardiacos describen bien este proceso antes de experimentar sus problemas cardiacos.

No deseará tener a su lado a un afirmador cuando crea que el tacto y la diplomacia podrían conducirle más lejos, cuando tenga que enfrentarse con un individuo más agresivo, cuando la paciencia constituya un componente importante de la mezcla de valores que se necesitan tener ante una situación. Y tampoco querrá que un afirmador maneje un tema pequeño, cuya importancia puede verse aumentada desmedidamente por alguien demasiado controlador.

Olor dulzón: guía para ser un mejor afirmador

Si es usted un afirmador, lo que le sale de modo natural resulta muy difícil para los demás. Ser capaz de afrontar directamente aquello que produce temor o que es amenazante supone tener un talento que muchos quisieran para sí. Su tenacidad es excepcional y mantiene a raya a los demás. Su fortaleza le mantiene concentrado hacia su objetivo y le proporciona el respeto de los demás. Su diligencia le permite conseguir muchas cosas. Todas estas son virtudes maravillosas que debería desarrollar, pero no es todo lo que necesita para ser más efectivo. La clave consiste en utilizar esta maravillosa habilidad en ventaja propia y, quizá, para beneficio de los demás. La capacidad para emplear la afirmación de una manera positiva depende de desarrollar más las siguientes virtudes:

1. Paciencia.
2. Prudencia.
3. Templanza.

Paciencia

La paciencia es la capacidad para retrasar su deseo de ver resultados inmediatos, de modo que sus acciones dispongan de tiempo suficiente para provocar un efecto. Como afirmador, querrá ver resultados rápidos y quizá actúe de una forma que socave aquellas cosas que necesitan de tiempo para que funcionen. Probablemente, siempre se impone a sí mismo una fecha tope para alcanzar el objetivo que se haya propuesto y procura atenerse rígidamente a ese límite temporal. Como afirmador, su límite temporal se basa en la rapidez con la que consiga que se hagan las cosas, no con el ritmo que siguen los demás. La clave para desarrollar paciencia consiste en reajustar los límites temporales a los dictados de la realidad. Por ejemplo, quizá haya observado por experiencia propia que las cosas que desea únicamente las consigue de dos veces y media a tres veces más tarde del límite de tiempo que se fija en cada ocasión. Quizá ello se deba a que los demás tienen prioridades diferentes o, simplemente, a que actúan con mayor lentitud que usted. Al establecer su límite temporal inicial, multiplíquelo por dos veces y media a tres. De este modo, podrá reajustarlo todo diciéndose algo así como: «Está bien, siento ganas de llamar ahora, pero sólo han pasado dos días. Necesito esperar otros cinco o seis días antes de hacer esa llamada que tendría ganas de hacer ahora». La repetición de este acto le permitirá desarrollar la paciencia que necesita para alcanzar más éxito.

Prudencia

La prudencia es la habilidad para actuar y juzgar las cosas de una manera que sea lo bastante cuidadosa y bien reflexionada como para valorar las consecuencias. La prudencia se da cuando se es capaz de identificar cuál será la probable reacción de los demás. Si es usted un afirmador, se habrá encontrado indudablemente en algún momento de su vida en que actuó y no esperaba la reacción que produjo. Esa reacción es a menudo una mala interpretación de su significado u objetivo. La prudencia es una preparación para la reacción, de modo que haya pocas sorpresas cuando la reacción no sea la planeada. Calcular las posibles reacciones de los demás antes de las propias acciones le permitirá desarrollar prudencia. A ello contribuye la posibilidad de generar ideas en ese sentido junto con otra persona. Durante la fase de generación de ideas, los afirmadores suelen descartar algunas simplemente porque les parecen insostenibles o ridículas y terminan aguijoneados debido a su falta de prudencia. Es importante pensar en todas las reacciones y en cómo afectarán a su forma de aproximarse al objetivo. Al generar ideas sin juicio previo, evita el lanzarse ciegamente en la dirección de su objetivo y actuar con imprudencia.

Templanza

La templanza es el acto de concentrarse en la gran imagen, manteniendo una acción que esté en concordancia con la importancia del objetivo. Los afirmadores suelen reaccionar muy intensamente de cara a sus objetivos y, en ocasiones, hacen que sus acciones sean más importantes que el objetivo mismo. En tal caso, los demás se concentran más en él, en lugar de hacer lo que se necesita hacer. Eso provoca toda clase de resentimientos y a veces el deseo de rebelarse contra el control que el afirmador ejerce sobre uno, lo que no hace sino alejar a éste de su objetivo. Para ser más efectivo como afirmador tiene que aprender a actuar según una sencilla frase: «Es mejor salirse con la suya que tener razón». Habitualmente, una persuasión suave persigue más que las cosas se hagan como uno quiere, mientras que la persuasión dura lucha más por tener razón. Debería aplicar el principio de emplear el acto menos hosco posible. En otras palabras, actúe siempre de la forma menos desconsiderada que le permita avanzar en la dirección que quiere seguir. La mofeta no sigue expeliendo líquido después de que ha desaparecido el peligro. No es importante que el otro se convenza de que tiene usted razón o que capte cualquier percepción sobre su propio comportamiento. Lo importante es que usted pueda acercarse más a la consecución de su objetivo. Para ser más efectivo como afirmador siempre debe tener en cuenta su objetivo y resistirse a la tendencia de actuar de un modo demasiado fuerte. Consiga salirse con la suya y no se preocupe de tener razón. Eso es templanza, una virtud de la que pueden beneficiarse todas las pautas instintivas pero, especialmente, el afirmador.

El afirmador siempre debe atemperarse por medio de la virtud y reconocer la dureza potencial de su instinto. Cuando finalmente alcanza el equilibrio entre la dirección hacia el objetivo y la suavidad que se deriva de la virtud, puede llegar a ser uno de los valores más fuertes de la sociedad, gracias a su habilidad para conseguir realizar cosas. Las habilidades del afirmador son muy valoradas y no se encuentran fácilmente entre la gente. Los afirmadores son las personas que con mayor probabilidad estimularán el progreso y superarán barreras. Puede conseguir que sucedan cosas y, con frecuencia, ejercerá un mejor control sobre su vida y ayudará a sus amigos y familia a tener un mejor control sobre la suya. Tiene que equilibrar cuidadosamente sus confrontaciones con las virtudes capaces de dirigir el poder y el control de una forma positiva ya que, en caso contrario, esa misma habilidad que le impulsa hacia delante puede alejarle aún más de lo que desea alcanzar en la vida. Si es usted un afirmador, establezca sus propios objetivos acerca de cómo llevar una vida satisfactoria, combine su instinto con la virtud y ayude a aquellos otros a quienes les falta la importante habilidad que usted posee.

Resumen

El afirmador

Tipo de animal

- Puercoespín

Características positivas

- Orientado hacia la consecución de objetivos.
- Afronta los problemas directamente.
- Es persistente.

Características negativas

- Es maquiavélico.
- Tiene tendencia a ser molesto.

Para mejorar, concentrarse en

- Desarrollar paciencia.
- Ser prudente.
- Desarrollar la templanza.

Capítulo 10

La zorra, las bandadas y los escoceses
El jugador

En la sociedad de las grajillas hay ganadores y perdedores. Los ganadores disfrutan de un estatus más alto, mientras que los perdedores tienen que doblegarse a los caprichos del vencedor. Como sucede con muchas aves sociales, la calificación de estatus o el orden jerárquico se establece mediante picoteos. Las grajillas se enfrentan unas a otras y compiten para ver cuál de ellas puede picotear más duro, causando el mayor daño, hasta que una de las dos abandona o corre peligro de muerte. Una vez establecido el orden jerárquico, se convierte en la base para determinar quién come primero, quién vuela adónde y otras distinciones importantes en el mundo de las aves. La única forma de avanzar en el orden jerárquico es ganar otra batalla a picotazos o ser la pareja de otra ave que ocupe un puesto más alto en el escalafón. Si la pareja es mejor picoteador, se consigue su mismo estatus en la bandada. Los machos que ocupan el puesto más bajo en el orden jerárquico es posible que no consigan aparearse. Puesto que los recursos que tienen las grajillas a su disposición no siempre son abundantes, la competencia impuesta para determinar el orden jerárquico es muy importante, no sólo para su calidad de vida, sino incluso para su supervivencia.

Charlie y Barry fueron contratados el mismo día que otros tres representantes de ventas cuando la incipiente empresa de servicios de comunicaciones por ordenador pasó a crear su equipo de ventas. Desde el día en que se inició su formación, pudo detectarse una tensión entre ellos que no existía entre los otros representantes, contratados al mismo tiempo. Ambos flirteaban con la misma mujer de la oficina, y ambos le pidieron salir con ella; parecían competir por ver quién tenía las mejores ideas en las sesiones de formación y, una vez que salieron a la calle para tratar de vender, cada uno de ellos preguntaba cómo le iba al otro. El resto de los vendedores no parecía importarles lo más mínimo. A pesar de que, semana tras semana, terminaban en primer y segundo puesto en la producción de ventas, no eran precisamente los más populares en la oficina o incluso ante el jefe y, definitivamente, tampoco eran los que mejor conocían el producto que vendían. Pero, cuando había que tratar con los clientes, todos sabían que eran los mejores. Poseían una seguridad en sí mismos que era arrolladora. Incluso personas ajenas a la empresa que deseaban ver a un representante pedían ver a uno de ellos porque, al parecer, sabían mejor que nadie lo que estaban haciendo.

En la sociedad humana hay muchos paralelismos del orden de picoteo. Aunque parece haber pocas distinciones entre los jugadores por naturaleza, no parece que exista ninguna distinción en cuanto a su forma de competir. Establecer un orden jerárquico entre los humanos exige una competencia entre dos o más personas que permita descubrir quién es el mejor. Pero no todas las competiciones de jugadores se hacen sólo entre dos y, en ocasiones, establecer el orden de picoteo no es más que el inicio del trabajo del jugador.

Muchas hienas compiten no sólo entre sí, para determinar su posición en el clan cuando están juntas, sino que se juntan para participar en un juego de supervivencia cuando se trata de cobrar una pieza grande. Colaboran para intentar que un búfalo joven se aleje de su peligrosa madre. Algunas hienas se dedican a perseguir a la madre búfalo, mientras que otras cercan y desgarran la carne de la cría hasta matarla. Cuál de ellas hace qué, es algo que a menudo se decide por la posición que se ocupa en el clan. Habitualmente, este juego mortal de supervivencia termina con la madre búfalo abandonando a su cría muerta y las hienas disfrutando todas juntas de un banquete. Han aprendido a prescindir de la competición de unas contra otras para poder alcanzar un objetivo común. Así es como se compite en los deportes humanos de equipo por las posiciones de cabeza, para poder competir contra otros equipos. Los jugadores encuentran una forma de competir y, a veces, las competiciones únicamente conducen a nuevas competiciones.

Probablemente, en la mayoría de los seres humanos existe un cierto nivel de instinto jugador, al menos en la mayoría de aquellos que tienen hermanos y hermanas. Ese instinto se inicia pronto en el ciclo de desarrollo del niño. Generalmente, en las primeras competiciones sólo se trata de conseguir algo de atención o aprobación por parte de los padres, abuelos y otros adultos. Más tarde, se compite por obtener dinero, prestigio, relaciones, las cosas más exquisitas de la vida e incluso el sexo. Pero algunas personas toman este instinto animal natural y lo convierten en el núcleo fundamental de su existencia. Estos jugadores consideran que su misma supervivencia depende de su habilidad para obtener unos recursos limitados, aunque ello suponga privar a menudo a otros. Es toda una vida dedicada a ganar el juego de la vida. Cuando éste es el principal modo de funcionamiento, a menudo se alcanzan beneficios exagerados y las desventajas que eso conlleva.

Cómo funciona el juego

El jugador posee un par de cualidades muy singulares que lo separan de la gente que utiliza otras estrategias. Identifican su éxito o su fracaso en la vida en relación con otras personas y no con lo que sienten interiormente o con la calidad de lo que consiguen. Tienen habilidad para ver la vida como un deporte y se imponen el objetivo de ganar, no necesariamente por ningún propósito en particular, excepto para permanecer en lo más alto. Generalmente, son personas creativas y saben cómo disfrutar de las acciones del trabajo o del juego. El jugador siente una fuerte necesidad de mantener el status quo una vez que ha ganado, y no permite que nadie le supere. El proceso mediante el que se identifican como un ganador o que determina qué puesto ocupan en el orden jerárquico viene establecido por cuatro fases: identificar el juego, delimitar el premio y el sistema de puntuación, definir la competición y obtener más puntos que los oponentes.

Para el jugador, la menos evidente de estas fases es la identificación del juego, su naturaleza y la forma en que se juega. El jugador es aquel que describe la vida por lo que se tiene que hacer, a quién se tiene que conocer y cuándo hay que apostar y, si mantiene una relación sentimental, aprende lo que debe decir y cuándo. El jugador se enorgullece no de lo que hace, sino de cómo hace las cosas de modo que le aporten éxito que le permita obtener el limitado premio. El jugador no se halla necesariamente centrado en sí mismo y hasta es posible que le guste tener una cierta percepción de cómo jugar y ganar a los demás. Simplemente, ve la vida como una serie de desafíos que puede vencer.

Una vez identificado el juego, el jugador tiene que delimitar el premio y el sistema de puntuación para conseguirlo. Examina lo que es valorado en el «juego» y cómo puede conseguir más de ello. Si considera que el juego consiste en ganar dinero, únicamente trabaja para reunir dinero y tener más que los demás. Si el premio es la mujer más bonita o el hombre más elegante, trabaja para ser más atractivo o seductor y conseguir el premio. Dicen lo que les hará tener éxito, no lo que sienten. Sea cual fuere la medida del éxito, el jugador se concentra en conseguir más que cualquier otro, de modo que pueda proclamarse como el ganador.

Una vez conocido el premio, tiene que definir su competición. Lo hará definiendo lo que hacen bien los demás y lo que no hacen bien y tratando de comprender cómo obtener más que ellos. Tiene que saber cómo juegan los demás para poder cobrarles ventaja. El jugador decide cómo explotar las debilidades de sus competidores y negar sus puntos fuertes. Aprende todo lo que puede sobre quienes compiten contra él, para poder utilizar ese conocimiento para alcanzar la cuarta fase.

Finalmente, el jugador debe superar la puntuación de sus contrincantes. Puesto que únicamente él se define a sí mismo en relación con los demás, a veces tiene que buscar formas no sólo de avanzar, sino también de procurar que los otros se sitúen por debajo de su posición. Sólo si está en lo más alto se convierte en el ganador del juego. Si la puntuación viene determinada por el dinero, concentrará todas sus conversaciones y acciones en el dinero. El jugador no sólo debe ganar a sus contrincantes, sino que también tiene que asegurarse de que se le reconozca como ganador. Es precisamente ese reconocimiento el que establece su puesto en el orden jerárquico humano.

Una vez instalado en el orden jerárquico, el jugador trabaja para mantener el puesto que ocupa. Se asegura de que todo aquel que aspire a lograr reconocimiento sea derribado lo más pronto posible para impedirle convertirse en un desafío para él. Su necesidad de mantener el status quo, con él a la cabeza, puede llevarle a tomar medidas desesperadas o conducirle a realizar esfuerzos para que todos los demás se sientan felices con el orden establecido. Resulta interesante observar que en el orden de picoteo de las grajillas, el ave dominante no luchará ni amenazará gravemente a ninguna otra ave que esté muy por debajo de ella, sino únicamente a la que le sigue en el orden establecido. De ese modo, mantiene felices a la gran mayoría de miembros del orden y únicamente desafía al que le sigue. De modo similar, el jugador no se siente amenazado a menos que se trate de alguien que pueda vencerlo y que esté cerca de él. Habitualmente, es muy bueno con quienes ocupan los puestos más bajos del orden, pero tiene una habilidad singular para percibir cuándo acaba de entrar en escena un nuevo gallito.

Por qué ríe la hiena: ventajas del jugador

Una empresa de sistemas de software se enfrentaba a la delicada situación de haber perdido una serie de contratos en los últimos tiempos, con lo que se acercaban peligrosamente a la necesidad de tener que disminuir de tamaño si no cambiaban de estrategia y enfoque, obligados por las pocas ventas que se lograban. Durante los últimos meses no se habían logrado ventas de importancia. Habían desarrollado una maravillosa presentación de sus paquetes de software, su programación era de lo más avanzado del momento, muy superior a la de cualquier otra empresa y sus productos tenían un precio adecuado para la venta, a pesar de lo cual no parecían capaces de salir adelante. Fue un miembro del consejo de administración el que insistió en contratar a una nueva persona para ponerla al frente del departamento de ventas, en contra de la opinión del presidente ejecutivo de la empresa. Dennis no fue bien recibido en la empresa, pero llegó con una clara misión que cumplir. No comprendía bien el producto que tenía que vender, no tenía experiencia con ordenadores, la forma en que se expresaba dejaba algo que desear y utilizaba un puñado de tópicos que repetía una y otra vez, todo lo cual atacaba a los nervios del presidente ejecutivo, quien llegó a declarar a sus vicepresidentes que aquella era la decisión más ridícula de la que hubiera sido testigo jamás en una empresa. Esperaba ver que Dennis fracasara miserablemente.

Una persona ajena a la empresa habría podido pensar que el objetivo de Dennis no era otro que alterar los nervios del presidente ejecutivo desde que llegó. Trasladó a todos los vendedores que había en la empresa, la mayoría de ellos con un elevado nivel educativo, con excelentes conocimientos de programación de ordenadores, los sacó de la oficina de ventas y les dijo que el único papel que tendrían que desempeñar a partir de entonces sería el de enseñar la presentación de ventas al nuevo personal de su departamento y nada más. Contrató a dos mujeres jóvenes, muy atractivas y a un hombre igualmente joven, con aspecto de estrella cinematográfica, que prácticamente no poseía experiencia alguna en ordenadores y no entendían nada del negocio de los sistemas de software. También contrató a un investigador para que trabajara con su nuevo equipo y averiguara todo lo que pudiera sobre las personas que le estaban quitando los contratos a la empresa. Al cabo de dos semanas había programado la asistencia a todas las ferias comerciales en todo tipo de negocios, había acordado once salidas para jugar al golf, incluida la organización de un gran acto patrocinado por la empresa y había contratado a un personal de apoyo completamente nuevo y de aspecto atractivo. Durante la tercera semana, el presidente ejecutivo informó ante el consejo de administración que Dennis estaba gastando tanto dinero que la empresa empezaría a tener graves problemas en apenas un mes.

En la cuarta semana, el tablero de ventas potenciales, en el que sólo había incluidos tres nombres cuando llegó Dennis, mostraba ahora 47 nombres, que aumentaban a razón de seis por semana. Dennis seguía pronunciando sus frases motivacionales, sobre todo a su nuevo personal. Siempre parecía saber con exactitud qué estaba haciendo la competencia y presentaba ofertas más bajas o era capaz de sacar a relucir sus debilidades cuando hablaba con un cliente potencial. Utilizó el atractivo de su personal para abordar a nuevos clientes. «¿Quién va a rechazar la oportunidad de contemplar a una mujer bonita o a un tipo elegante durante una hora, aunque esa persona trate de venderle algo?» Elegía el sexo del presentador según el sexo del dirigente empresarial al que trataba de abordar. Les acompañaba en la visita. Les dejaba que se ocuparan de llevar la presentación inicial y se limitaba a añadir algún que otro chiste y comentarios destinados a relajar la entrevista. Se mostraba tenaz en sus llamadas de seguimiento y establecía contacto un par de veces a la semana para hablar de un nuevo artículo, para contar un chiste o hacer algún comentario.

Cuando se cerró la primera venta el martes de la sexta semana, el presidente ejecutivo se limitó a comentar que tendrían suerte si la venta lograba cubrir todos los nuevos gastos efectuados por la empresa desde que contrató a Dennis. Las otras cuatro ventas que se cerraron a finales de esa misma semana tuvieron la virtud de arrancarle una disculpa y las tres de la semana siguiente fueron acompañadas por una invitación a Dennis para jugar al golf en el club privado del presidente ejecutivo. Los dos hombres se convirtieron en los mejores amigos y colegas.

La competición es un estilo de vida en la sociedad humana, algo que se pone de manifiesto desde la infancia cuando el niño observa que los mejores atletas obtienen ciertos privilegios gracias a su habilidad para ganar a los demás. Una tarde de sábado o de domingo delante del televisor en cualquier época del año dispondrá de programación dedicada a quienes desean unirse a un equipo que participa en una competición. Cuando el jugador tiene éxito, obtiene más opciones, la gente quiere estar a su alrededor y estar asociado con él, y también consigue mayores oportunidades para practicar el sexo. Querrá usted tener a un jugador a su lado cuando necesite aumentar las ventas, cuando haya recursos limitados y mucha gente compitiendo por conseguirlos. Querrá tener a su lado a un jugador que le ayude cuando necesite motivación para conseguir algo que ha estado evitando hasta entonces. Y, como madre o padre, un jugador podrá inculcar en sus hijos un instinto que les ayudará a sobrevivir en situaciones competitivas. Cuando funciona bien, el jugador aporta muchas buenas cualidades a su trabajo, juego y relaciones sentimentales.

Victoria a toda costa: las desventajas del jugador

A las zorras les gusta que dos animales o personas se peleen, porque eso desvía su atención de cualquier alimento que pueda haber en la zona, como por ejemplo una presa fresca o un bocadillo abandonado en un carrito de golf. Entonces, la zorra se desliza subrepticiamente y roba algo para sí misma. Las zorras son jugadoras que no buscan la dominación del otro para ganar, sino que más bien utilizan medios más suaves. Observan a un animal que construye una madriguera bajo tierra y luego se la roban. Les encanta deslizarse a hurtadillas y robar un par de bocados de carroña, para escapar luego de un depredador que las persigue y darse repentinamente media vuelta para conseguir más botín. La razón por la que la caza del zorro se hizo tan famosa fue porque trataban de ser astutas cuando se las perseguía. Pero, en ocasiones, se puede llegar a ser demasiado astuto.

Cuando sus amigas le hablaron a Cely de rumores según los cuales su esposo Rich la engañaba, Cely se propuso demostrarles que no perdería a su marido a manos de ninguna otra mujer y, si sucedía eso, lo obtendría todo en el divorcio. Desde hacía tiempo deseaba que Rich la acompañara a sesiones de terapia matrimonial, algo a lo que él se había negado. Cely tenía la sensación de que él jugaba con ella. Así pues, decidió iniciar el juego para obligarle a hacer lo que ella quería.

Acudió a su abogado y diseñó un plan para hacerle pagar tan caro su adulterio que no se atreviera a considerar siquiera la posibilidad de abandonarla, a menos que le dejara todas sus posesiones. Cely no aceptaría nada que no fuese un divorcio incuestionablemente favorable. Empezó por hacerle saber a personas de la empresa en la que trabajaba Rich que él le había sido infiel. Llamó a sus padres y les pidió que hablaran con él. Incluso dispuso las cosas de modo que el pastor de la iglesia pronunciara un sermón dominical especial sobre la infidelidad. Estaba segura de que todas aquellas medidas inducirían a Rich a aceptar el asesoramiento matrimonial, tal como ella había deseado. Cuando a él se le entregaron los documentos previos al divorcio, entre los que se incluía una carta en la que se decía que ella solicitaría que se tomaran medidas restrictivas para que no pudiera ver a sus hijos. Rich invitó a Cely a cenar y hablar del tema. Segura de su victoria, ella aceptó.

Rich empezó diciendo: «Sé que has oído decir que te he sido infiel, pero creo que deberías conocer toda la historia. Las cosas han cambiado».

Cely esperó a que él admitiera su culpabilidad y luego se sometiera al asesoramiento matrimonial o aceptara un fácil divorcio para ella.

En lugar de hacerlo así, Rich siguió diciendo: «Cely, voy a ser sincero y te lo diré directamente. Soy gay. Mi nuevo amante es un hombre y he abrigado estos sentimientos durante toda mi vida». Rich continuó contando su historia y Cely empezó a encontrarle sentido a muchos de sus problemas. Durante su matrimonio siempre habían sido muy buenos amigos, pero nunca se mostraron muy apasionados. Las miradas de él seguían siendo sensibles y cariñosas y ella estaba segura de que realmente la amaba, pero como era gay, ahora resultaba que aquel amor era diferente a lo que ella se había acostumbrado a creer. Rich llegó a afirmar que sus hijos no le hablaban debido a todas las insinuaciones que ella había hecho sobre su padre. Cely se encontró en una situación embarazosa y se dio cuenta de que había estado causando daño a todo el mundo y por las razones equivocadas. Estaba librando una batalla que no podía ganar porque él no participaba de aquel juego.

A menudo, un jugador descontrolado no se da cuenta de que aquello que más le motiva es el desafío y el juego. Con frecuencia sublima las relaciones y puede tener verdaderos problemas para formar vínculos fuertes y duraderos porque causan daño a las personas, induciéndoles a ganar. Lo mismo que en el caso de Cely, el jugador puede crear a veces mucha perturbación en la vida cuando, en realidad, no existe ningún juego al que jugar. Son capaces de olvidarse de trabajar para encontrar una solución a un problema, simplemente porque están demasiado ocupados tratando de ganar.

Los jugadores que han perdido y se encuentran en situaciones irreversibles y de las que no se pueden retractar, pueden empezar a desmoronarse, mostrándose muy envidiosos de aquellos otros que tienen lo que ellos han perdido. Si alguien creó la pérdida que lamentan, quizá deseen pasar el tiempo pensando en formas de vengarse. El ciclo es de odio y pasión, lo que resulta muy tumultuoso. La avaricia se convierte en un anhelo insaciable que les corroerá las entrañas hasta que encuentren un nuevo objeto en el que concentrarse. Esa avidez puede ser por sexo, dinero, venganza o cualquier objeto de deseo. Actúan como si pudieran sustituir su pérdida mediante una dominación total y completa en otro ámbito y terminan por volverse ácidos para su entorno y para quienes les rodean. Se amplifica su egoísmo normal y es posible que empiecen a rechazar prácticamente a todas aquellas personas que se encuentran en su mundo. Si la crisis se produce en forma de una derrota pública, pueden volver estos sentimientos extremadamente negativos contra sí mismos y sentirse pequeños e insignificantes, creando así nuevas derrotas.

No querrá tener a su lado a un jugador para que su amante sea deseable. Tampoco buscará el apoyo de un jugador si forma usted parte de su competición, ni querrá animarlo a que tenga la misma afición que usted. No deseará tenerlo cerca si tiene usted tendencia a la envidia y si apuesta en una subasta por algo de lo que sólo existe un ejemplar único, querrá protegerse no diciéndoselo a su amigo, el jugador.

Juegue según las reglas y gane: guía para ser un mejor jugador

Si es usted un jugador, tiene que ser consciente de que las estrategias agresivas conllevan riesgos si no se han establecido bien los límites. Ser un mejor jugador significa saber cuándo hay que competir agresivamente y cuándo concentrar la competición en una manipulación más suave del juego. En otras palabras, reconocer cuándo luchar por establecer el orden jerárquico y cuándo ser la zorra. Las cuatro cosas que pueden mejorar su establecimiento de límites son:

1. Situar la competición interna antes que la externa.
2. Situar la promoción antes que la degradación.
3. Utilizar la ofensiva ante la defensiva.
4. No hacer daño a los espectadores.

Situar la competición interna antes que la externa

Como jugador, ve la competición en términos de obtener más puntuación que su contrincante. Eso funciona bien hasta cierto punto, pero la clave para que cualquier atleta sea un buen competidor consiste en que el desafío sea mejorarse primeramente a sí mismo. El jugador de fútbol americano dedica más tiempo a levantar pesas para mejorar su fortaleza que a trabajar para derrotar a otro jugador. Si se concentra constantemente en lo que hacen todos los demás, pierde la atención que necesita dedicar al proceso interno de mejora y a ser lo mejor que pueda llegar a ser. Para alcanzar el mayor éxito como jugador, necesita dedicar más tiempo a competir contra lo que ha hecho en el pasado y no necesariamente contra su contrincante. La situación también será considerablemente menos abrasiva cuando la gente vea que usted dirige su ánimo competitivo natural hacia la mejora de sí mismo y a elevar su propio listón. Si en el pasado tuvo éxito «ganando» a los demás, necesita que lo vean como alguien concentrado internamente, no externamente. El corredor que detenta el récord del mundo parecería estúpido si dijera: «No quiero superar mi propio récord y me limitaré a correr lo bastante rápido como para derrotar a los otros corredores». Es la persona que se esfuerza por mejorar la que obtiene el mayor respeto de los demás.

Situar la promoción antes que la degradación

En ese mismo sentido, hay dos formas de asegurarse el éxito sobre otro: tener más éxito uno mismo y conseguir que el otro alcance menos éxito. Muchos jugadores concentran buena parte de su atención en tratar de degradar el estatus de la competición, por lo que terminan no promoviéndose lo bastante bien a sí mismos. Terminan por estancarse en el mismo lugar y, aunque se encuentren por delante del grupo, a la larga pierden terreno. Cuando se está inmerso en el acaloramiento de un partido, el primer objetivo debería ser avanzar uno mismo, antes que evitar el avance del otro. A los jugadores que se concentran en permanecer por delante mediante la degradación de otro se les considera viciosos, despiadados, inmaduros o perturbados. En ocasiones, estos jugadores terminan por despertar piedad por la competición, lo que puede hacerles depender de la ayuda de los demás o alardear de sus éxitos, reduciendo así sus oportunidades de llegar a lo más alto. Para ser un mejor jugador, concéntrese en avanzar a un ritmo más rápido, no en impedir el avance de otro.

Utilizar la ofensiva ante la defensiva

Una de las estrategias mejor aceptadas en la mayoría de los deportes de equipo es que el equipo contrario no puede marcar tan fácilmente si no posee la pelota, si se mantiene a la defensiva. En el fútbol americano, los entrenadores hablan de controlar el partido a la ofensiva, refiriéndose con ello a mantener la posesión de la pelota durante más minutos que el equipo contrario. Las defensas se cansan y se debilitan al verse obligadas a responder constantemente, tanto en los deportes como en los individuos. Para ser un mejor jugador es importante ser el primero en actuar para continuar después las acciones de una forma creativa que exija una respuesta continua por parte del contrario. Al promoverse uno mismo, se obliga al otro a reaccionar y esa reacción le impide seguir el plan que se había propuesto. La novedad es importante para la ofensiva. Si resulta que al día siguiente promueve usted algo nuevo, el otro también se verá obligado a reaccionar. Dedicará más tiempo a tratar de averiguar cuál puede ser su siguiente movimiento, en lugar de dedicarse a promover sus propios planes. Criticar a la competencia le proporciona a ésta la oportunidad de dar por terminado un enfrentamiento con una buena respuesta o explicación, en una situación que puede terminar en empate. Si dedica tiempo a defender una cuestión, a menudo parecerá más culpable que no prestándole atención, al menos hasta que se le pida. Si continúa su progreso con nuevos avances, el contrario perderá terreno al tener que detenerse para tratar de disminuir su avance. Cuando trabajan armónicamente, los tres principios anteriores mejoran mucho las oportunidades de situarse a la cabeza de un negocio, en el deporte o en cualquier otra empresa en la que sea fundamental la competición.

No hacer daño a los espectadores

El cuarto principio adquiere una importancia fundamental en las relaciones personales. ¡No haga daño a los espectadores! No todo el mundo forma parte de la competición. La mayoría de la gente no experimenta la necesidad de ser mejor o de llegar más lejos, o de tener más éxito que todos los demás. La mayoría de las personas no ven la vida como una cuestión de competencia por la posesión de unos recursos limitados. Si una persona no adopta una estrategia agresiva que siga una dirección contraria a la suya, quiere decir que no está compitiendo. Derrotarla no tiene por tanto significado alguno y, en realidad, eso causará daño a su imagen y hará que todos se vuelvan contra usted. Eso es especialmente cierto en las relaciones personales, sobre todo cuando alguien se esfuerza sobremanera por demostrar que el otro está equivocado o que él tiene razón, hasta el punto de permitir que aquello de bueno que hubiese en la relación se convierta en una víctima de la competición. No haga daño a los espectadores. No hay ninguna necesidad de derrotar a los que no compiten.

Procure mantener sólidamente estos principios en sus interacciones y alcanzará más éxito como jugador y será menos probable que se enemiste con los demás. Si es usted un jugador, debe desafiarse constantemente a sí mismo para ser mejor. Al desafiarse a sí mismo para controlar y limitar sus impulsos competitivos, estos no afectarán a sus relaciones personales. Los jugadores tienen la habilidad para provocar un gran efecto en muy poco tiempo. Desafíe su habilidad para comprender el juego de la vida y ayudar al bien general.

Resumen

El jugador

Tipo de animal

- La zorra.

Características positivas

- Diversión y juego.
- Creatividad.
- Motivacional.

Características negativas

- Quiere ganar a toda costa.
- Compite cuando los demás no quieren.

Para mejorar, concentrarse en

- Prestar atención a la competición interna, antes que externa.
- Situar la promoción antes que la degradación.
- No competir contra aquellos que no quieren.

Capítulo 11

Tiburón, serpiente de cascabel y control
El atacante

¡No debería haber ido allí! En cuanto ha escuchado el cascabeleo mientras realizaba una excursión, su cuerpo le llevará a un lugar adonde desearía no haber ido. Su cuerpo se quedará rígido y sentirá cómo brota el temor, mientras se prepara para sentir la ira de la serpiente de cascabel occidental, de lomo adamascado. Usted no le ha hecho nada. No pretendía cazarla, ni amenazarla, ni quitarle la comida o hacerle daño de ningún modo. Simplemente, ha penetrado en su territorio y eso no le gusta nada a la serpiente de cascabel. Tampoco le gusta que se le haya acercado tanto, de modo que se lo advierte con su cascabel, produciendo un ruido que, en realidad, ni siquiera puede escuchar porque es sorda. Pero usted sí lo oye y sabe muy bien que es un atacante. A partir de ese momento, sucumbe a su poder. Caminaba usted por su desierto, ha entrado en su territorio y, si puede salirse con la suya, le hará pagar por ello, incluso con la vida.

Phil no tenía ni la menor idea de que Julia estaba en compañía de Walker cuando se la encontró en el bar, al salir del trabajo. Era hermosa y él sólo quería conocerla. Walker había permanecido al fondo con unos amigos, jugando a los chinos y ella parecía sentirse aburrida y sola. Cuando Phil inició la conversación y se dispuso a sentarse ante la barra, Walker acudió apresuradamente y se le enfrentó. Phil trató de ser amable, dijo que no intentaba ligar con Julia y luego se sentó a un par de taburetes de distancia, delante de la barra. Pero Walker agarró a Phil por el cuello y le golpeó en la cara. Seguía estando en su terreno. Cuando acudieron los fornidos camareros, Walker retrocedió. En cuanto se alejaron, los amigos de Walker se acercaron a la barra desde donde habían estado jugando a los chinos, burlándose de Phil desde un par de asientos de distancia. Durante un buen rato, se turnaron para pasar junto a Phil y tropezar con él en el brazo y en el hombro. Julia terminó por marcharse a casa, azorada y sola. Cuando Phil se levantó para ir al lavabo, Walker intentó seguirlo y terminó siendo arrojado del bar por los camareros. Le dijeron que no volviera nunca más por allí.

Los atacantes dan a conocer inmediatamente su presencia y sus ataques son brutales e implacables. A diferencia del afirmador, que sólo actúa para protegerse, el atacante posee un alto nivel de amenaza y es probable que ataque algo aunque no suponga una verdadera amenaza para él. Desea que haya espacio a su alrededor y que desaparezcan todos los demás animales. La presencia de algo en su espacio constituye la amenaza, al margen de cuál sea su intención. Y el atacante está convencido de que esa amenaza debería ser castigada al más alto nivel posible.

El lobo glotón que, por naturaleza, es uno de los atacantes más feroces de la naturaleza, dispone de amplio espacio ya que los otros animales saben que es terriblemente agresivo y tenaz. A pesar de que raras veces pesan más de 25-30 kilos, se sabe que han logrado ahuyentar de una presa a osos, pumas e incluso jaurías de lobos. Cuando atacan son tan rápidos como el rayo y luchan hasta la muerte, no simplemente para asustar. Imagínese la ferocidad que se debe de necesitar para ahuyentar a otro animal de un tamaño veinte veces superior. El glotón marca con su olor un territorio muy grande, que puede tener de unos 400 a 800 kilómetros cuadrados y atacará a cualquier animal que se encuentre en esa zona, y especialmente a otro glotón. Atacan para demostrar que son dominantes, y no sólo para comer.

A los atacantes humanos les gusta demostrar a los demás que son los dominantes, induciéndoles a despejar el terreno. Pero, para un atacante, no es eso lo importante. Lo que pretende es controlar y desea que los demás sepan que tienen poder para controlar las vidas de otras personas. En situaciones problemáticas, se enfrentan directamente a la fuente del problema y tratan de acabar con ella. Están convencidos de que la mejor forma de manejar una dificultad es eliminar a cualquier persona o cosa que cause un problema. Muchas personas ven eso como una característica positiva, sobre todo en determinados ambientes. Por el lado negativo, poseen una extraña habilidad para alienarse de la gente. Consiguen que los demás se alejen de ellos y a menudo, en el proceso de su ataque, causan daño a personas no involucradas en la situación. Eso tiene un gran impacto sobre las relaciones humanas. Es un instinto que se tiene que controlar. Si es usted un atacante, debe comprenderse realmente y reconocer que la decisión de atacar debería depender de la situación y no ser una reacción habitual.

Cómo funciona el ataque

Es importante observar que la mayoría de los animales y de las personas tienen un modo de ataque. El ataque es muy importante y habitualmente se da en cualquier especie cuando el animal se siente acorralado y no hay otras opciones. Sin ataque, nuestra propia especie no habría sobrevivido a las guerras, no habríamos podido comer carne y jamás habríamos llegado a ejercer control alguno sobre los cambios de nuestro entorno. Este capítulo trata sobre animales y personas que, en la mayoría de situaciones de amenaza, utilizan el ataque como su principal línea de defensa.

La territorialidad es uno de los conceptos importantes que hay que entender cuando estudiamos los métodos del atacante. El primer paso para ser un atacante es la marcación de un territorio, ya sea físico, de relaciones o psicológico. Un territorio físico puede ser algo como una casa, una oficina o una habitación del hogar. Al examinar la vida de los atacantes, resulta interesante descubrir que disponen de lugares que se hallan completamente fuera de los límites de los demás, incluso de sus parientes más cercanos.

Los atacantes quieren disponer en el hogar de una habitación que sólo sea suya, o de un coche que ningún otro miembro de la familia pueda conducir. Un territorio de relación puede incluir a su familia, los colaboradores, los contactos empresariales e incluso un animal. Una vez que han identificado a alguien como suyo, se inicia el proceso para protegerlo. Finalmente, un territorio psicológico puede ser una opinión, un sistema para hacer algo, un trabajo o una actividad en la casa o en el trabajo. En los negocios, los atacantes pueden dedicar un buen período de tiempo a crear una descripción de un determinado puesto de trabajo. No desean que nadie más toque su trabajo. Las personas que viven con atacantes dicen que son tozudos o que «siempre se tienen que salir con la suya». También hablan de cómo se dejan arrastrar por accesos de rabia cuando alguien amenaza su «territorio».

Después de definir su territorio, el atacante informa a todo el mundo de cuáles son sus límites. En el hogar es muy posible que le anuncie a la familia: «Ésta es la habitación de papá». En el trabajo, un atacante puede decir: «Éste es mi ordenador y nadie lo toca». Así pues, el atacante marca su terreno o, por decirlo de otro modo, agita un poco el cascabel. El atacante considera que las transgresiones de su territorio suponen una amenaza y hace todos los esfuerzos posibles por eliminarla. El concepto más importante para comprender la diferencia entre el atacante y las otras categorías activas o agresivas es que el atacante no espera a evaluar la amenaza, sino que se lanza inmediatamente al ataque. Primero muerde y luego pregunta, convencido de que la mejor forma de eliminar una amenaza consiste en destruir completamente toda capacidad de esa persona para replicar al ataque. Por ello es tan importante para él causar con la mayor rapidez un daño gravemente debilitador. Cuando se trata de solucionar un problema empresarial, se producirá un enfrentamiento directo que tendrá un fuerte impacto. En una lucha física, eso puede significar heridas graves o incluso la muerte. En una lucha psicológica, quizá signifique ir más allá del nivel de la discusión y utilizar palabras hirientes que pueden sorprender porque son degradantes y aplastantes. Recuerde el cascabel de la serpiente. La persona que se enfrenta en una batalla psicológica a un atacante por un tema menor, puede provocar en éste la misma sinuosidad y el encendido de todos los nervios de su cuerpo.

Pero en el atacante hay algo más: una fase final. El atacante se asegura el poder y el control sobre la otra persona al continuar el ataque incluso mucho después de infligida la herida y de que la otra persona ya no pueda replicar. Lo que pretende no es sólo eliminar la amenaza inmediata, sino garantizarse que no habrá más. Se asegura de hacer saber a los demás que no va a tolerar que se vuelva a producir lo mismo. En la naturaleza salvaje eso suele significar causar una herida fatal. Cuando se utiliza positivamente, eso puede significar crear una infraestructura que se ocupe de las emergencias, o poner en pie un sistema de seguridad para los niños en casa, después de que se hayan hecho daño al tratar de subirse al tejado. Utilizada negativamente, esa actitud puede ser aterradora. El atacante continúa hasta la total sumisión del otro o hasta su muerte.

Una vez eliminada la amenaza, el atacante vuelve a ser instantáneamente la persona que era antes. En los humanos, resulta a veces un tanto extraña la velocidad y la extremada diferencia después de esta transición. Actúan como si nada ocurriese y, de hecho, puede llegar a ser tan agradable que parece como si tuviera dos personalidades. A menudo, los atacantes se dan cuenta de que los demás son incapaces de cambiar con la misma facilidad que ellos, lo que no hace sino causar más fricción. La gente desea discutir lo que ha ocurrido cuando, por lo que se refiere al atacante, el asunto ha quedado zanjado. Eso puede provocar otra discusión sobre si es efectivamente así o no y, entonces, el atacante, puede surgir de nuevo. Comprender y aceptar esta pauta es esencial para vivir como un atacante, o para convivir con él.

La buena serpiente en la hierba: ventajas del atacante

Cuando Amanda fue nombrada directora de recursos humanos de la empresa en la que trabajaba, todo el mundo se sintió un poco preocupado. Había sido una buena vendedora, pero tenía tendencia a ser un poco fuerte y terca para una persona cuyo trabajo iba a consistir en ayudar a la gente a afrontar sus nuevos puestos de trabajo y a funcionar bien en la empresa. De hecho, un grupo de empleados acudió al vicepresidente que la había nombrado para ese puesto, diciéndole que era un error. La empresa había padecido de fuertes problemas de moral, problemas con el seguro y pasaba por una mala fase en su política de contratación. Situar a Amanda al frente de ese departamento no haría sino acelerar su caída. El vicepresidente les tranquilizó verbalmente, asegurándoles que ella era la persona adecuada para ese puesto. Los empleados no se sintieron tranquilos, pero lo achacaron a otra decisión por parte de la empresa que demostraba una falta de preocupación por los empleados.

El vicepresidente advirtió a Amanda de que su nombramiento no había sido acogido favorablemente dada su tendencia a ser dura. Ella sonrió, convencida de que no iba a tener ningún problema. Debía empezar a desempeñar su puesto en dos semanas y, hasta entonces, desapareció por completo de la empresa.

Dedicó las dos semanas a acudir a seminarios y leer todo lo que pudo encontrar sobre recursos humanos. Se entrevistó con los mejores en su ámbito y reunió nombres de personas que podían ser contratadas por su empresa para ayudarla. Descubrió programas motivacionales y de incentivos que funcionaban en otras empresas y que ella podía introducir en la suya. Cuando empezó a desempeñar su trabajo tenía preparados más planes para poner en práctica de lo que se había conseguido durante los veinte años previos.

Empezó por traer a un orador motivacional para que hablara sobre el cambio, estableciendo así el tono de lo que esperaba conseguir. Empezó a formar equipos que la ayudaran a crear ideas que permitieran mejorar el ambiente laboral, y creó un sistema de notas para comunicarle a la gente «buen trabajo» y «gracias» cada vez que se le presentaba la oportunidad. Elaboró un programa de incentivos para los empleados que fuesen productivos y siempre comía en horarios distintos en la cafetería, para poder hacerse visible a todos los empleados. Creó eslóganes para desarrollar el orgullo de la empresa. Utilizó todas las habilidades de que disponía como atacante para abordar los problemas del personal de su empresa y consiguió manejar las críticas iniciales, diciéndose que la gente expresaba su preocupación por el historial negativo del departamento, y que no estaban dirigidas personalmente a ella. El vicepresidente se recreaba con su decisión, los detractores iniciales se convirtieron en sus más ardientes defensores y Amanda se convirtió en líder en una de las asociaciones de directores de recursos humanos gracias a su gran habilidad de liderazgo y a su programa modelo.

Adecuadamente canalizada, la ventaja del atacante es que posee una habilidad extraordinaria para realizar cosas y solucionar problemas. Se dirige directamente a la fuente del problema y está dispuesto a hacer y a decir cosas que los demás piensan que les gustaría hacer y decir, pero para las que a menudo les falta valor. Estar al ataque no siempre significa enfrentarse directamente con otro y no siempre supone ser grosero. El atacante con éxito (y hay muchos) utiliza sus habilidades de ataque y lucha de una manera equilibrada, para medios que son humanitarios y no sólo protectores. Los atacantes se ven a menudo investidos de liderazgo cuando son capaces de conseguir que se hagan las cosas. Las personas a las que les faltan algunas de las habilidades y el valor que se necesita para lanzarse al ataque, tienen la sensación de contar con alguien capaz de defenderlas en esas situaciones. Se desea tener a un atacante al lado cuando uno se siente atacado, cuando las formas tranquilas de abordar un problema no parecen funcionar y se prefiere adoptar un enfoque más agresivo. Se desea a un atacante cuando se quiere vender algo que necesita un discurso agresivo. Y si en alguna ocasión se ha sentido intimidado por alguien, o si alguien ha tratado de obligarle a hacer algo que no quiere hacer, lo mejor que puede hacer para que empiecen a desaparecer los problemas es tener a un atacante a su lado.

Frenesí de alimentación: las desventajas del atacante

Todos los demás tiburones se apartan del gran tiburón martillo que cuenta con una importante ventaja natatoria gracias al efecto de dirección de su cabeza. Cuando hay tres o más tiburones en presencia de alimento lo más probable es que se produzca un frenesí de alimentación y que el tiburón martillo muerda a cualquier cosa que encuentre, incluidos otros tiburones de cualquier tamaño. Entonces, los otros tiburones que nadan devorarán rápidamente al tiburón herido. Arrastrados por un frenesí devorador, los atacantes se lanzarán agresivamente en todas direcciones y podrán provocar un daño tremendo en todos los animales que estén cerca.

Al descubrir que el viaje de negocios de su esposa no había sido sino una tapadera para encubrir la salida con su nuevo amante del trabajo, Mike acudió a la casa de sus padres políticos para despotricar y dar rienda suelta a su cólera. Imaginó que ellos lo sabían y la habían estado encubriendo, puesto que no le habían dicho nada la noche anterior, cuando llamó. Ella vivía con sus padres desde hacía cerca de un mes. Mike tomó la hermosa colección de piezas de Lladró que los suegros tenían sobre la repisa de la chimenea y la rompió en cien pedazos. Luego les dijo que no volverían a ver a su nieta y que tampoco la vería su hija. Y añadió que quizá no la volvieran a ver nunca más. Cuando ya salía de la casa, se volvió porque quería romperle la mandíbula a su suegro o una pierna o causarle un daño permanente, para que todo el mundo recordara el daño que habían hecho al apoyar la infidelidad de su esposa. Más tarde diría que se enorgullecía de su capacidad para contenerse, como si con ello hubiese querido demostrar lo agradable que era.

Para Mike no tenía mucho sentido que su esposa le engañara. Ella nunca había sido así. Le había dicho unas pocas veces que no se sentía feliz y que deseaba marcharse, y se habían enfrentado a gritos por ello, pero creía que todo eso había pasado puesto que ella no había vuelto a hablar del tema. Se trasladó a casa de su padres, pero él estaba convencido de que eso únicamente sería algo temporal. Ahora, la situación no tenía ningún sentido para él.

Introdujo a su hija de diez años en el coche para emprender el viaje de más de mil quinientos kilómetros con la intención de enfrentarse a su esposa y a su amante y para hacerle lo que tuviera que hacerle. Mientras conducía, fantaseó durante horas acerca de cómo desmembraría físicamente al amante de su esposa. Su hija se pasó todo el viaje llorando. Dijo que, por la expresión de su padre, sabía que algo terrible iba a suceder.

La esposa de Mike le esperaba en el salón del hotel y en el mismo instante en que él la tomó con fuerza por el brazo, la policía cayó sobre él, lo tumbó en el suelo y le puso las esposas. Ella había sido advertida de lo que ocurriría, llamó a la policía y esta clase de actitud airada y agresiva era un delito federal. Mike no volvió a ver a su hija durante cuatro años y aun así sólo bajo supervisión. Al tratar de controlar en exceso, había perdido el control.

No querrá usted estar junto a un atacante cuando se sienta mal y tenga la sensación de que debe defender su territorio. Cuando el atacante ve afectado su buen juicio, cuando se siente muy amenazado, un enfrentamiento con él puede ser algo muy grave. El atacante llegará a extremos inimaginables para usted, ya que la mayoría de la gente no pierde su sentido de la compasión como le sucede a él. Lo único que sabe hacer es lanzarse primero de cabeza, lo que no es nada bueno para la estrategia. Tampoco querrá que sea un atacante el que, después de un problema, dirija la reconciliación, o el que se ponga a gritar cuando lo que pretende es que otra persona le escuche. No querrá que sea un atacante el que maneje una situación sensible que exija guantes de seda. Y si está casada con un atacante que no ha aprendido a utilizar su habilidad para beneficio de los dos, tenga cuidado de no convertirse en su enemigo, ya que en tal caso será tratada exactamente como suele tratar a los demás, como si entre los dos no hubiese existido relación alguna.

Tiburón, serpiente de cascabel y control: guía para ser un mejor atacante

Los tiburones, los glotones y las serpientes de cascabel humanas suenan como algo muy poco atractivo que hará mejor en evitar. Ciertamente, se trata de animales poco amistosos si se convierte usted en el centro de sus ataques. Pero, cuando se concentran en otros ámbitos, los atacantes se cuentan entre nuestros más grandes líderes religiosos, filántropos y científicos, que han dirigido equipos que han descubierto la curación de enfermedades que podrían haber diezmado la población humana. Y, probablemente, los atacantes han dirigido muchas de las empresas que emplean a una gran parte de los trabajadores de la sociedad. Y, además, muchos de ellos han sido grandes defensores de niños, maravillosos padres y madres de familia y quizá incluso la persona que se ofreció a ayudarle la última vez que se le pinchó una rueda. Si es usted un atacante, procure asumir sus puntos fuertes, como con todas las demás estrategias, y aprenda a hacerlos funcionar en su beneficio y en el de los demás. Para que el ataque funcione en beneficio propio, debe concentrarse en cuatro aspectos clave:

1. Concéntrese en la energía.
2. Concéntrese en la definición.
3. Concéntrese en el objetivo.
4. Concéntrese en sí mismo.

Concéntrese en la energía

La primera fase es concentrarse en la energía. Al encontrarse en una situación en la que tenga que concentrarse en sus sentimientos negativos, aparece una tendencia natural a destruir algo, al tiempo que trata de contener sus sentimientos negativos. Sin embargo, debe concentrarse no en contener los sentimientos, sino en permitir que estos se conviertan en combustible. Ese combustible se puede utilizar para ir en una dirección negativa, transformándolo en cólera, o para seguir una dirección positiva y crear un buen cambio a largo plazo. El cambio significa que no dispondrá usted inmediatamente del control, pero habitualmente podrá acceder más tarde a un mayor control. Ese es el sacrificio que debe realizar el atacante: el momento de ejercer el control. Ser lo bastante paciente como para retrasar la necesidad de un control inmediato para obtener más tarde un mayor control sobre el resto de su vida. Eso es lo que se produce cuando concentra su energía en emprender una acción positiva. Recuerde que cualquier acción que sea negativa provocará muy probablemente una reacción igualmente negativa. Su ataque debe concentrarse en el cambio positivo, no en la eliminación de una amenaza.

Concéntrese en la definición

Concentrarse en la definición significa que debe intentar definir con claridad qué aspectos de un problema puede atacar y cuáles otros serán manejados mejor de otro modo por otra gente. Recuerde que cada problema contiene muchos detalles específicos y que cada uno de ellos tiene un enfoque más efectivo, que no siempre es el ataque. La diplomacia no es su mejor cualidad, cierto, y necesita valorar desde el principio qué aspectos van a necesitar de enfoques más suaves, para dejar eso en manos de otra persona más adecuada, o para asegurarse de abordar la situación de una manera que será antinatural para usted. Leer un capítulo sobre otras pautas instintivas le ayudará a actuar de ese modo antinatural. Concentrarse en la definición supondrá permitir que otros actúen primero, hasta que se llegue a la parte del problema que necesite de una confrontación directa. En la enseñanza de las técnicas de negociación e interrogación, los instructores enseñan a menudo la técnica del «chico bueno y chico malo», en la que una persona intenta apoyar mientras que la otra se muestra directamente dura y agresiva. Reconozca dónde encaja usted exactamente en una solución y no intente abordar todo el conjunto del problema lanzándose al ataque.

Concéntrese en el objetivo

Cuando se encuentran dos peces luchadores siameses machos, abren las agallas en forma de abanico y danzan uno alrededor del otro, con movimientos rítmicos, tratando de exhibirse para intimidar al otro. Es una fantasía de color y danza, ya que el pez posee en las agallas matices y tonalidades tremendamente hermosas, así como la capacidad para moverse como pocos otros miembros del reino animal. Luego, luchan hasta la muerte de al menos uno de los dos, aunque a menudo mueren los dos a causa de las heridas. Entonces, ninguno de los dos puede proteger nada ni conseguir aparearse. El objetivo de su vida se ha perdido en el ataque mismo.

Al trabajar en la resolución de una situación problemática, hay muchas ocasiones en las que la gente y los acontecimientos se alinean para alejarle a uno de aquello que intenta hacer. Por eso mismo es tan importante concentrarse en el objetivo. Los atacantes soportan algunas críticas, especialmente si atacan situaciones y no personas. Pero cuando atacan a personas no reciben críticas y eso es una mala señal. La crítica es deseable porque indica que la gente no acaba de tenerle miedo a uno hasta el punto de ocultarse o de ocultarle información. Es importante aprender a no tomarse personalmente todo lo que se diga, aunque parezca tratarse de un ataque personal. La mayoría de la gente actúa según su propio interés, para promover sus propios deseos y necesidades. A menudo ni siquiera piensan en usted, incluso cuando dicen algo o toman una decisión que podría afectar a su vida. Es importante mantenerse concentrado en los problemas que está atacando y no permitir que los demás le hagan desviar a uno la atención hacia ellos. También es importante darse cuenta de que, a veces, la forma que tienen algunas personas de manipular a otras consiste en enojarlas, para que se lancen al ataque y hacerles parecer mal. Eso es lo que sucede especialmente con los adolescentes y los padres. Los jóvenes saben que, muy probablemente, podrán salirse con la suya si logran que los padres parezcan despiadados y, como consecuencia, estúpidos. Quizá no lo hagan a propósito, pero su experiencia les demuestra que con ese enfoque consiguen lo que quieren.

Concéntrese en sí mismo

Finalmente y un punto muy importante que deben entender los atacantes, la gente tiene derecho a revolcarse en sus problemas. Y no sólo usted, sino que también debe permitir que otros lo hagan si así lo desean, al mismo tiempo que se mantiene concentrado en sí mismo. El principal objetivo de pasar incólume por una situación es mantener el control, no de los demás, sino de sí mismo. Son muchas las personas que disfrutan de la sensación de haber sido abandonadas por la vida y depender de sí mismas. Muchas las que sienten que los problemas las definen y les dan identidad. No les gusta tener que enfrentarse directamente con una situación hasta que tengan que hacerlo. Un atacante siempre quiere actuar y eso no es bueno porque puede crear resentimiento en los demás. Deje que cada cual determine el momento para atacar sus propios problemas. Cuando se trate de su problema, entonces podrá ser usted el que determine ese momento, pero los demás tienen derecho a tomar esa decisión por sí mismos. Si se tratara de un problema conjunto y quisiera usted establecer el momento de afrontarlo, no espere a que nadie más lo haga por usted. En realidad, si ha tomado la decisión de atacar un problema conjunto métase en la cabeza que va a tener que afrontarlo totalmente solo, sin esperar nada de nadie más. Si los demás ayudan, fantástico, pero no lo espere. Probablemente, no son atacantes, como usted, así que no espere que actúen como usted lo hace.

El atacante tiene muchas cosas de las que sentirse orgulloso y también mucho que controlar. Al controlar su forma de afrontar una amenaza, tienen la oportunidad de hacer mucho bien. Controlar la amenaza significa comprender la propia seguridad en sí mismo para afrontar las situaciones y no dejarse arrastrar a una situación desesperada en la que se verá obligado a forzar las cosas de inmediato. Aprenda a responder directamente a un problema de la forma que sea más efectiva a largo plazo. No sueñe creyendo que es lo bastante poderoso como para controlar todos los aspectos de la vida. No imagine en ningún momento que la agresividad hacia los demás le acercará más a su objetivo. Los actos agresivos deberían dirigirse contra las situaciones, nunca contra las personas. Y aprenda que su maravilloso don para afrontar cualquier situación es un don del que podrían beneficiarse muchas personas, pero que esa misma actitud es ajena a su naturaleza. Así pues, ayude a la gente que necesite de su valor, pero no la juzgue nunca por no ser valerosa.

> **Resumen**

El atacante

> **Tipo de animal**

- Lobo glotón.

> **Características positivas**

- Audacia.
- Afronta los problemas directamente.
- Alcanza sus objetivos.

> **Características negativas**

- No sabe cuándo detenerse.
- Se pone frenético y sufre ataques de cólera.

> **Para mejorar, concentrarse en**

- Canalizar la energía en una dirección positiva.
- Aprender a ceder.

Capítulo 12

¿Qué se obtiene al cruzar una polilla de perezoso que come estiércol con una rata con pelaje?
Instintos animales y relaciones

De modo que él es una larva de polilla de perezoso que come estiércol y usted una rata de olor nauseabundo con pelaje. ¡Al menos pertenecen ambos al mismo planeta! La forma que tienen los individuos de manejar su instinto animal quizá sea el único factor más importante para lograr éxito en una relación. La diversidad de la experiencia y de los enfoques humanos ante el mundo es lo que nos da dimensión en nuestra vida. Lo más importante de todo será trabajar con esos instintos y diseñar un estilo de vida que permita la convivencia entre los dos. Pocos son los que examinan la estrategia de supervivencia de otra persona cuando se disponen a determinar cuál será el centro de atención de su amor y de su afecto. Pero, en último término, acaba usted conviviendo con el estilo de su pareja, y quizá entonces descubra que está tratando con un animal con el que no tenía intención de convivir. En ese momento, quizá quiera saber un poco más acerca de si se enfrenta con las mandíbulas de un león, la velocidad de un conejo o las púas puntiagudas de un puercoespín.

En las siguientes páginas encontrará la oportunidad de examinar todas las posibles conjunciones de estilos de supervivencia y ver los placeres y peligros, los problemas más comunes y las mejores formas de encontrar equilibrio en una relación. Se han escrito para analizar la interacción de dos personas diferentes que se combinan juntas en una relación. Pero también puede consultar estas páginas para explorar dos pautas diferentes en sí mismo y en cómo su combinación puede crear buenas o malas características en usted. Sea cual fuere la forma en que utilice esta información, debe saber que lo más importante es no negar sus instintos animales y utilizar las sugerencias que se incluyen al final de los capítulos precedentes para que su estilo funcione del mejor modo posible, de manera que la interacción con otra persona también pueda funcionar bien.

Relaciones de pareja: evasor con evasor

 Placeres animales

¡Sencillez! ¡Sencillez! ¡Sencillez! Trasládense a la cabaña junto al estanque y vivan de la tierra. Esta es una pareja que podría sobrevivir con muy pocas otras personas en sus vidas. Serán muy buenos a la hora de crear juntos un estilo de vida muy agradable, sencillo y con muy poco estrés. Necesitan muy poco para ser felices. Pueden disfrutar juntos de hermosos momentos de escapada. Así que disfruten de la soledad, disfruten el uno del otro y corran juntos cuando tengan que marcharse.

 Principales problemas

Evasores, pongan a calentar los motores. ¿Quién de los dos va a alejarse más rápidamente del otro? No hay nadie capaz de manejar la dificultad, ya que los dos desean alejarse de ella. Lo pasarán mal en situaciones traumáticas y quizá tiendan a separarse cuando se presenten problemas, en lugar de acercarse. Las pérdidas de tiempo y las vacilaciones les matarán si lo permiten.

 Estrategia para permanecer juntos

Procuren que la vida sea lo más sencilla posible. Tómense vacaciones más relajantes, en lugar de dedicarlas a viajar y visitar muchos lugares. La clave consiste en pasar juntos mucho tiempo libre. Pasen los domingos juntos en la cama, con el periódico y un buen libro. Cuando se trate de parientes, si no son del tipo capaz de dejarles en paz, cámbiense a otro sitio. Procuren alejarse también de vez en cuando el uno del otro. Consigan amigos que les ayuden con las cosas que más suelen evitar, como formularios o impuestos. Anticipen las dificultades y tomen decisiones antes de que se presenten los problemas. Frieguen los platos justo después de la cena porque, una vez dejados en el fregadero, no harán nada.

Relaciones de pareja: evasor con mimetizador

 Placeres animales

¡Paz! ¡Paz! ¡Paz! Es difícil luchar cuando una persona corre y la otra intenta apaciguar a todo el mundo. Los mimetizadores ayudan a los evasores a sentirse como en casa en cualquier parte, para que no tengan que correr. El evasor ayudará al mimetizador a mantener la cabeza fría, estableciendo un estilo de vida con bajo nivel de estrés. Ninguno de los dos presionará al otro o a sí mismo para conseguir grandes cosas. Se trata de una combinación bastante buena para llevar una vida serena y fácil.

 Principales problemas

Uno de los dos huye y el otro desea integrarse. Uno de los dos se siente incapaz de decir no y el otro no puede decir sí. Habrá una fuerte tendencia a que el mimetizador acepte compromisos sociales que el evasor no desea cumplir. Cuando se enfaden el uno con el otro no habrá sistema para compensarlo, porque la conversación sobre los problemas no surge fácilmente entre los dos.

 Estrategia para permanecer juntos

Organización, organización y organización. Discutan con antelación sobre todos los compromisos sociales. Anticipen las decisiones que tendrán que tomar y elaboren las contingencias antes de que sucedan. Desarrollen un estilo de vida que sea social, pero que también alejado de las peleas y el ritmo rápido del mundo. Un buen bar al lado de una piscina en las Bahamas, un par de piñas coladas y la vida será buena con esta pareja. Dirigir entre los dos una empresa de vacaciones de este tipo sería lo perfecto. Si en lugar de piña colada se sirven margaritas, también estaría bien.

Relaciones de pareja: evasor con pegadizo

 Placeres animales

La emoción de colgarse de la parte trasera de un coche que acelera. Mientras el evasor se aleja aceleradamente, el pegadizo se cuelga y juntos serán como dos adolescentes enamorados que tratan de alejarse de unos padres restrictivos. Los evasores no tienen que preocuparse por los pegadizos si se alejan durante un tiempo y, en muchas ocasiones, tendrán a alguien con quien escaparse. Esta es una pareja que, a veces, podría prescindir del reloj, tomarse unos pocos meses para sí mismos y no preocuparse por nada.

 Principales problemas

El pegadizo interpretará a menudo la huida o el comportamiento de evitación del evasor como un abandono y empezará a sentir pánico. Los evasores suelen alejarse cuando se sienten ahogados. Ninguno de los dos es bueno para solucionar problemas. Y la responsabilidad es secundaria al dolor de tener que afrontar situaciones sociales desagradables, de modo que las cosas que queden sin solucionar pueden reaparecer para agobiarles.

 Estrategia para permanecer juntos

Planifiquen siempre las cosas alrededor del otro, de modo que cada uno haga muy pocas cosas con independencia del otro. Tienen que establecer un pacto para afrontar inmediatamente y juntos aquello que ninguno de los dos quiere hacer. No esperen nunca a que sea el otro el que dé el primer paso, porque tienen que darlo juntos. Eso es especialmente cierto cuando se trata de imponer disciplina a los niños porque ninguno de los dos tendrá el poder de voluntad para imponer por sí solo un castigo. Esta pareja tiene que recordar que sufren deficiencias en muchos aspectos y que necesitan estar juntos para obtener la fortaleza de uno solo cuando se enfrentan con los problemas de la vida.

Relaciones de pareja: evasor con combinador

 Placeres animales

Escapen y unifiquen. Ese es el perfil del Cuerpo de Paz. Esta pareja está destinada a hacer el bien en el mundo, pero viviendo en los márgenes de la corriente principal. Los evasores pueden obtener mucha fortaleza de saber que su pareja se ocupará de manejar las interacciones sociales que normalmente les crean ansiedad a ellos. Los combinadores, por su parte, se benefician de contar con alguien capaz de ocuparse de su vida conjunta en el hogar.

 Principales problemas

El combinador querrá estar rodeado de otras personas, mientras que el evasor querrá estar más tiempo a solas, por lo que experimentará muchas presiones sociales y se retirará. El combinador querrá hacer muchas cosas con los demás y es posible que termine saliendo demasiado con los amigos. Pueden plantearse entonces graves temas de control en cuanto al lugar que ocupa el otro en el matrimonio. Es muy probable que los temas relacionados con los parientes políticos constituyan un gran problema, ya que al evasor no le gustará la orientación del combinador hacia su familia.

 Estrategia para permanecer juntos

Reconocer que las necesidades de cada uno son totalmente diferentes, sobre todo a nivel social. Cuando el evasor empieza a retirarse, el combinador debe interrumpir su estilo de vida durante un tiempo y ayudar a solucionar los problemas de la relación. Esta pareja necesita mucho compromiso y afrontar las ansiedades. Probablemente, les ayudaría mucho el que fuesen capaces de unirse juntos a una organización que les estructure la jornada y les elimine las peleas de la vida.

Relaciones de pareja: evasor con cuidador

 Placeres animales

Una vida sencilla y cálida. En esta relación puede haber mucha entrega, al tiempo que mucha comprensión y consuelo. La habilidad natural del cuidador para consolar debería conseguir que el evasor se sintiera seguro y cuidado. Esta pareja vive modestamente y tendrá un hogar lleno de animales domésticos y niños.

 Principales problemas

Ninguno de los dos es bueno en los enfrentamientos o en luchar contra las fuerzas externas. Cuando se les causa algún problema procedente del exterior, procuren no discutirlo continuamente. Procuren tratarlo como si fuese el problema de otros, aunque sólo sea para mantener un poco de distancia emocional con respecto a la causa. Esta es una relación en la que puede producirse un desastre si un jefe despreciable en el trabajo actúa en favor de cualquiera de las dos partes. Habrá una tendencia a llevarse trabajo a casa y llevarse al trabajo los problemas de casa.

 Estrategia para permanecer juntos

Procuren mantener la relación exclusivamente entre ustedes dos, sin permitir la interferencia de nadie más. Eso significa mantener la vida del hogar completamente separada del mundo exterior. Los dos son buenos para crear calor en los demás, así que utilicen esa aptitud para solicitar ayuda cuando la necesiten. El cuidador necesita escuchar al evasor para saber cuándo se están excediendo. Tengan un cuidado extra para encontrar situaciones laborales en las que sean bien apreciados. Se trata de una combinación dura por lo que, para permanecer juntos, es esencial mantener el equilibrio y la salud mental personal.

Relaciones de pareja: evasor con afirmador

 Placeres animales

¡Déjennos solos! Esta pareja tiene dos enfoques muy diferentes cuando se trata de conseguir el mismo objetivo: que los dejen solos. Pueden formar una pareja muy complementaria, ya que el afirmador se enfrenta, mientras que el evasor huye y los dos actúan así para librarse del problema. Ambos manejarán bien las actividades solitarias cuando las realicen juntos. Los afirmadores tienden a ser muy protectores y eso es algo que le encanta al evasor. Los evasores se pueden ocultar tras el poder del afirmador y sentirse muy cómodos fundiéndose en esta pareja.

 Principales problemas

El afirmador puede sentir que su estrategia es más útil y que el evasor es cobarde. El evasor, por su parte, puede creer que el afirmador ejerce demasiada presión en sus interacciones. Cada uno de ellos trata de cambiar al otro, hasta que el afirmador ejerce el poder y el evasor huye. Esta relación tiene el potencial para convertirse en controladora por parte del afirmador y en una relación pasivo-agresiva por parte del evasor. El resultado es que no habrá relación.

 Estrategia para permanecer juntos

Tienen que aprender a trabajar juntos sus respectivas habilidades, como un conjunto unido. Permitan que el evasor se ocupe de establecer una vida cotidiana cómoda y que el afirmador sea el protector y el que soluciona los problemas. Es importante no sólo que se definan bien los papeles, sino que cada uno aprenda a respetar la habilidad especial del otro y que no posee por sí mismo. Esta relación tiene que esforzarse más que las otras por percibir la igualdad en aquello que añaden al equipo.

Relaciones de pareja: evasor con jugador

 Placeres animales

Esta es la combinación del cazador-recolector. Pueden establecer ambos una hermosa vida conjunta que posea lo mejor de la relajación y de esforzarse por las cosas buenas. Con una gran definición del papel que juega cada uno, podrán complementar las habilidades del otro y permitir así que ambos trabajen por alcanzar objetivos a largo plazo, al tiempo que ambos disfrutan de una relajada vida personal que vigoriza al jugador para la caza.

 Principales problemas

Luchen por controlar lo que es importante. Los temas morales aparecerán como la diferencia en el sentido de lo que está bien y lo que está mal y serán una fuente de fricción. Si el jugador presiona al evasor para que participe en la lucha, se producirá un colapso definitivo. El evasor terminará huyendo mientras que el jugador se sentirá muy alterado. En esta relación son muy grandes las oportunidades para que se produzca falta de respeto y juegos mentales y, las peleas terminarán en separación durante un largo período de tiempo, ya que el evasor intentará evitar la reconciliación y el jugador sentirá que ceder supone perder el juego.

Estrategia para permanecer juntos

Los jugadores necesitan verse a sí mismos como la persona que obtiene cosas para el equipo que forma la relación. Los evasores necesitan verse a sí mismos como los organizadores que actúan tras las bambalinas. Los jugadores tienen que reconocer que no se hallan inmersos en una competición para ganar discusiones, sino que ambos ganarán en cuanto uno de los dos ceda. El evasor tiene que concentrarse en no darle consejos al jugador y en no tratar de cambiar su necesidad de competición. En general, los dos necesitan tener mucha paciencia.

Relaciones de pareja: evasor con atacante

 Placeres animales

¡Las cosas se hacen a mi modo! El atacante va a controlar esta relación, pero puede beneficiar a su pareja siendo lo bastante fuerte como para lograr que el evasor corra riesgos que nunca aceptaría. El evasor puede sentirse maravillosamente protegido, mientras que el atacante se sentirá apaciguado por los instintos reductores de estrés de su pareja. Si los dos consiguen equilibrarse mutuamente, podrán luchar cuando sea más efectivo y alejarse cuando no lo sea.

 Principales problemas

Lo evidente es que, cuando haya un desacuerdo, el atacante tenderá a embestir directamente al evasor y éste tenderá a alejarse. El atacante va a ganar todas las discusiones porque será más brutal y persistente. El evasor no le dirá a su pareja cosas que sepa que puedan alterarla o terminará mintiendo mucho a fin de impedir que se produzcan problemas.

 Estrategia para permanecer juntos

Si ninguno de los dos consigue controlar sus instintos, esta pareja es como un desastre a la espera de que se produzca. Los atacantes tienen que controlar sus ataques dentro del hogar y reservarlos para fuera del mismo. Tienen que verse a sí mismos como las personas capaces de manejar el mundo exterior. Los evasores tienen que sentirse seguros a la hora de aportar un material que no sea agradable, sin el temor a sentirse atacados. Deberían manejar el hogar para reducir el estrés que pueda haber en él. Esta combinación exige realizar mucho trabajo y, cuando el equilibrio se vea en peligro, se necesitará probablemente la intervención de un tercero, como un asesor matrimonial o un clérigo.

Relaciones de pareja: mimetizador con mimetizador

 Placeres animales

¡Isla Fantasía! Esta extraña combinación crea a menudo una vida muy variada para los dos, donde la pareja intentará hacer muchas cosas diferentes. Cuando estén de vacaciones podrán parecer nativos en apenas unos pocos días, incluso en los países más extraños. Este es un estilo de vida que podría ser perfecto para ellos: viajar mucho y vivir en los lugares más exóticos. Hay aquí mucha flexibilidad, lo que puede permitir a cada uno experimentar de formas diferentes. La relación física puede contener mucha realización de las fantasías.

 Principales problemas

Es muy posible que exista mucha identidad en la relación, ya que toman las características de otras parejas. A veces, tienden a perderse, ya que van en direcciones completamente opuestas. Es posible que les falte tiempo para estar a solas, sólo ellos dos. Ya se pueden imaginar las peleas que pueden surgir entre dos personas que necesitan ser otro. Habrá demasiada tendencia a escuchar a los demás y llevar lo que escuchen al hogar, adoptando cada uno una actitud muy crítica, tanto del otro como de sí mismo.

¿Qué se obtiene al cruzar una polilla de perezoso con una rata de pelaje?

👫 Estrategia para permanecer juntos

Procuren discutir cada nueva aventura antes de emprenderla. Mantengan variedad en la vida. Asegúrense de sustituir cada nueva actividad en la que participen juntos por otra nueva, preferiblemente sabiendo adónde se dirige cada uno antes de dejar al otro. Recuerden que su pareja necesita ser la opinión más importante del mundo después de la propia si no quieren inclinarse por aceptar las opiniones de los demás y destruir la relación.

Relaciones de pareja: mimetizador con pegadizo

Placeres animales

En esta combinación predomina una aventura precavida. El mimetizador determinará las aventuras y el pegadizo le seguirá la corriente, al menos al principio. Hay un gran beneficio en el apoyo que sentirá el mimetizador, así como de la vinculación que obtendrá el pegadizo de la integración. Serán capaces de definir bastante bien los papeles y probablemente no discutirán acerca de quién tiene que hacer las tareas del hogar.

⚡ Principales problemas

Los temas de identidad serán un problema para la relación y el pegadizo puede experimentarlo como una desvinculación. Quizá tema que el mimetizador se vincule en exceso con otros, o lo haga con demasiada frecuencia. Habrá discusiones acerca de con quién entablar amistad y la gente se interpondrá entre ellos. El pegadizo será muy prudente con la naturaleza aventurera del mimetizador, al que le suele caer bien todo el mundo.

👫 Estrategia para permanecer juntos

Aquí entran en juego habilidades complementarias y cada uno mejora la habilidad del otro para manejar su propia estrategia.

Procuren establecer un vínculo fuerte manteniendo las palabras de amor y de atención dirigidas al otro, ya que eso les permitirá abandonar todos los temores. Cuando haya hijos, procuren establecer una cierta definición de los papeles a desempeñar en el hogar y acepten los diferentes papeles de ambas partes. Los pegadizos se vincularán muy fuertemente con los hijos y necesitarán estar muy seguros de que no pierden al cónyuge en ese proceso.

Relaciones de pareja: mimetizador con combinador

 Placeres animales

Una minicaravana aparece en su futuro. Dios, país y familia. Ésta puede tratarse de una de las parejas realmente agradables que encajan bien y que desean hacer todo lo que pueden para que las cosas sean agradables. Es una buena combinación para un tipo de familia orientado hacia la comunidad, como entrenador deportivo o como asociación de padres de familia, que sostienen una vida hogareña basada en los valores. Espere que la concentración se dirija hacia los niños y que la pareja sea popular entre los demás padres.

 Principales problemas

Cuando estén separados existirá el peligro de que los demás lleguen a ser más importantes que la relación misma. Uno de los miembros de la pareja puede infligir conexiones y cambios al otro y crear con ello una fricción tremenda. Es una pareja que necesitará pasar mucho tiempo junta y, en ocasiones de alto nivel de estrés, se pueden perder muy fácilmente el uno al otro. Un trabajo que exija viajar podría suponer un desastre, ya que al regreso podría encontrarse con que el otro se ha convertido en una persona totalmente diferente.

¿Qué se obtiene al cruzar una polilla de perezoso con una rata de pelaje?

👫 Estrategia para permanecer juntos

Tomen juntos todas las decisiones relativas a nuevos amigos y alianzas. Tengan cuidado con las otras parejas uno de cuyos miembros cae bien mientras que el otro apenas es tolerado. Procuren que la asociación entre los dos tenga prioridad sobre los demás. Cuando estén alejados uno de otro manténgase en contacto constante. Será mejor mantener el contacto con la base durante el día y cada día. Eviten asumir papeles de liderazgo en organizaciones comunitarias que les priven de tiempo para estar con la familia.

Relaciones de pareja: mimetizador con cuidador

 Placeres animales

Cenas y muchos amigos. Cada uno se beneficia de la naturaleza social del otro. Las familias numerosas pueden ser una fuente de placer. Esperen pasar juntos grandes vacaciones y ser el tipo de pareja que pasa mucho tiempo en casa. Cuando se marchen los invitados tendrán la sensación de haber sido comprendidos y cuidados y se sentirán muy cómodos en su hogar. La casa de esta pareja es a la que acuden todos los niños del vecindario. Hay alguien que se ocupa de ellos y alguien que siempre parece encajar bien.

 Principales problemas

Puede haber demasiada concentración en las vidas de los amigos y en inmiscuirse demasiado en sus problemas. La gente les buscará cuando sus matrimonios hagan aguas y eso puede provocar cierta fricción entre ustedes. Es posible que haya una cierta tendencia al chismorreo. Pueden hablar un idioma diferente y cuando cada uno describe un mismo acontecimiento quizá parezca que el otro no está diciendo la verdad porque ambos ven el mundo de modo completamente diferente. Si una pareja no es particularmente agradable para estar con ella, ninguno de los dos podrá cortar la relación y eso podría causar graves problemas.

Estrategia para permanecer juntos

Salgan mucho juntos incluso después del matrimonio. Si hubiera niños, procuren pasar tiempo juntos como pareja, sin los niños. Por regla general, deberían salir los dos juntos y solos al menos por cada vez que salgan como pareja con los amigos. También deberían tratar de pasar mucho tiempo en casa, los dos solos, distribuyendo a los niños entre los amigos. Si no fuera así, el consuelo que se transmiten mutuamente acabará por afectar a la relación.

Relaciones de pareja: mimetizador con afirmador

Placeres animales

Mucha definición de papel. Es una buena combinación para sentir apoyo y confianza. El afirmador puede sentirse muy cómodo y no tener la sensación de estar amenazado. Al mimetizador le agrada no tener que tomar decisiones. Cada uno complementa las debilidades del otro. En las situaciones sociales, el mimetizador diluirá la armadura del afirmador, mientras que este tendrá el valor para manejar las dificultades y decisiones.

Principales problemas

El respeto se convierte en un tema a tener en cuenta si el afirmador no aprecia el apoyo y la pasividad del mimetizador. Cuando este último se vea obligado a tomar una decisión y vacile, destrozará los nervios del afirmador y podrá crear mucho pensamiento negativo. En ocasiones, la hosca imagen pública del afirmador podrá

¿Qué se obtiene al cruzar una polilla de perezoso con una rata de pelaje?

colocar en situación embarazosa al mimetizador, al que no le gustará destacar. El potencial para el desequilibrio en el control de la relación es elevado.

 Estrategia para permanecer juntos

A la hora de dividir el trabajo, procuren que el afirmador se ocupe de los enfrentamientos y el mimetizador de los contactos sociales. El afirmador es el que tomará la mayoría de las decisiones, pero siempre debe preguntar y respetar las opiniones que le transmita el mimetizador. Cuanto se esté en público, tiene que haber mucho cuidado al discutir los papeles y expectativas. Los afirmadores que viven con mimetizadores tienen que atemperar sus acciones si no quieren arriesgarse a colocar a su pareja en una situación considerablemente embarazosa, lo que les distanciará mucho.

Relaciones de pareja: mimetizador con jugador

 Placeres animales

Experimentación y diversión, incluido el potencial para novedades en el dormitorio. En los desafíos, los jugadores suelen brillar en el apoyo a su pareja, mientras que los mimetizadores son grandes espectadores. Ambos pueden disfrutar de los desafíos de la vida desde su propia perspectiva. Pero, cuando están juntos, puede haber cierta electricidad fría a la hora de probar cosas novedosas. El mimetizador es una gran pareja para el jugador al que le gusta jugar mucho, pero manteniendo el respeto por los límites de su pareja.

 Principales problemas

En esta relación se produce a menudo un quebrantamiento del respeto por el papel del otro. El mimetizador puede retirar su apoyo por una serie de razones morales, debido al estilo del jugador, sobre todo si este se muestra fuertemente maquiavélico. El jugador sentirá mucho esta pérdida y quizá se concentre excesivamente en ella, perdiendo así la ventaja competitiva. Tiene que haber mucha integridad para que esto funcione.

Estrategia para permanecer juntos

Procuren vivir el momento y disfruten del aspecto deportivo. Dejen que el jugador juegue y que el mimetizador observe y diviértanse con los otros espectadores. Enseñen a los niños de esta combinación el lugar que ocupa la competición en la vida y en la diplomacia. Procuren discutir a fondo y de frente los temas relacionados con la integridad en cuanto surjan en la relación. El jugador controlará buena parte de la actividad, pero el mimetizador necesita establecer los niveles morales.

Relaciones de pareja: mimetizador con atacante

Placeres animales

Quítense las esposas acolchadas. Esta combinación de pareja rezuma animación y en ella puede haber mucha experimentación, con aventuras en la vida. El valor del atacante relega a un segundo plano la seguridad de asumir riesgos del mimetizador. Aquí puede suceder de todo en el dormitorio, incluido el sadomasoquismo. Al atacante le gusta tomar el control y el mimetizador mostrará tendencia a seguirlo.

Principales problemas

La naturaleza social del mimetizador puede experimentar una cierta rigidez y el atacante puede llegar a ser muy crítico con los amigos del mimetizador. El atacante tendrá tendencia a ponerse celoso e incluso agresivo con los amigos. Y los amigos del sexo

¿Qué se obtiene al cruzar una polilla de perezoso con una rata de pelaje?

opuesto darán ocasión a fuertes enfrentamientos a gritos. Esta pareja no sabe luchar bien juntos, ya que la forma que tiene cada uno de ellos de enfocar los problemas es muy diferente. No disponen de base para entenderse mutuamente y no conseguirán resolver nada sin la intervención de un tercero.

 Estrategia para permanecer juntos

Procuren trabajar para probar muchas cosas y explorar juntos sus fantasías. Confeccionen listas y actúen para hacer realidad sus deseos. Tengan mucho cuidado de no retener información el uno del otro si no quieren que las inseguridades de ambos les destruyan. No intenten absolutamente nunca poner celoso al otro. Eso incendiará algo que hará sufrir mucho a todos.

Relaciones de pareja: pegadizo con pegadizo

 Placeres animales

Siempre se están tocando, cogiéndose de las manos, durmiendo entrelazados. Forman una de las pocas parejas que tienen las mismas necesidades de estar con alguien. En los buenos tiempos, esta pareja querrá hacer las cosas juntos. Estarán siempre el uno con el otro y tan conectados que casi nadie los verá como dos individuos separados. Establecerán fuertes lazos con los demás y estarán extremadamente vinculados con los hijos. Nada tendrá mayor prioridad que la familia.

 Principales problemas

No invite a esta pareja a cenar, porque no querrán marcharse nunca. La vinculación con los demás constituye para ellos un gran riesgo y puesto que ninguno de los dos acostumbra a solucionar los problemas con independencia del otro, tienen tendencia a mirar hacia otra parte en momentos problemáticos. Puede haber evasión de temas en esta combinación de pareja, ya que ninguno de los dos desea arriesgar la vinculación. Cuando los hijos se marchan de casa, puede haber problemas y quizá ambos tiendan mucho a malcriarlos.

👫 Estrategia para permanecer juntos

La familia es muy importante para mantener junta a esta pareja, particularmente la familia ampliada. Deben tener a su alrededor a gente que sea capaz de ayudar en los momentos en que se necesite mucha acción independiente. No teman nunca pedir ayuda o contratar a alguien para que les ayude. Tengan cuidado con los hijos. Cuando oiga hablar del adolescente que se porta mal a pesar de tener unos padres tan agradables, probablemente se trata de una combinación entre pegadizos. Necesitan arriesgar el amor de los hijos para castigarlos. En ocasiones, también necesitan arriesgar el amor del otro miembro de la pareja para señalar algo que esté haciendo y que resulta autodestructivo. Esta pareja tiene problemas para asumir esta clase de riesgos.

Relaciones de pareja: pegadizo con combinador

Placeres animales

Buen escenario para la comuna. Constituyen un buen equipo, que proporcionará al combinador a alguien que no luchará con él en cuanto a sus inclinaciones sociales, y al pegadizo se le proporcionará un grupo de personas del que se hallará rodeado en todo momento. También puede compartir muy bien las responsabilidades e inculcar en los hijos un sentido realmente bueno de la familia. Esta pareja es capaz de trabajar bien junta y será el tipo de la que depende la comunidad cuando necesiten pasteles para una venta de recaudación de fondos o de alguien que se siente a recaudar dinero para las entradas del partido de fútbol.

¿Qué se obtiene al cruzar una polilla de perezoso con una rata de pelaje?

 Principales problemas

Es posible que el pegadizo se resista a veces cuando el combinador necesite afiliarse a alguna organización. Existe la preocupación de que el pegadizo se sienta marginado por las amistades que tiene el otro fuera del matrimonio, sobre todo si están los niños alrededor. Cuando hay alguna desconexión para el combinador de un equipo o del pegadizo con respecto al cónyuge, puede aparecer la desesperación, ya que ninguno de los dos estilos se inclina por la paciencia.

 Estrategia para permanecer juntos

Estos dos tipos necesitan depender y confiar mucho el uno en el otro y, si tienen hijos, tener en cuenta primero a la familia. El funcionamiento de la familia es esencial. Cuando se introduce a gente nueva deberían convertirse en amigos de la familia y no sólo de una parte o de la otra. El pegadizo debería trabajar en desarrollar las mismas habilidades que el combinador, y viceversa, ya que eso capacitará aún más la relación. Y ambos necesitarán desarrollar paciencia para superar los sentimientos de desesperación.

Relaciones de pareja: pegadizo con cuidador

 Placeres animales

Es la relación progenitor-hijo. De esta combinación pueden brotar sentimientos nutritivos muy fuertes. Quizá sea la forma más pura de amor y necesidad juntas. Habrán muchos momentos muy intensos y un fuerte deseo de complacerse mutuamente, así como un tremendo sentido de la seguridad en la relación ya que ninguno de los dos sospecha que el otro haga nada que pueda dañar la conexión. Si los hijos entran en la relación, también se sentirán muy seguros al ver la devoción que se tienen sus padres.

Principales problemas

El cuidador tiene que aprender a recibir así como a dar si no quiere empezar a sentirse como el progenitor de su pareja, y no como su igual. Los pegadizos elevan el nivel de responsabilidad de cualquiera con quienes se implican, pero esta combinación destaca porque el cuidador ya se siente responsable por otros. Eso parecería como un valor positivo, pero si se descontrola puede conducir a sentimientos de amargura ante la falta de reciprocidad. Entonces se producirá alienación entre los dos.

 Estrategia para permanecer juntos

Procuren intercambiar papeles con frecuencia y dediquen un día o dos en los que cada uno se ocupa del otro. Al tiempo que se intercambian los papeles, deberían programarse noches románticas y agradables. El pegadizo debe recordar que es difícil dar a un cuidador, por lo que tienen que hacer las cosas con espontaneidad y comprender que son apreciadas, aunque no lo parezcan. Tengan cuidado de no malcriar a los niños haciendo demasiado por ellos y procuren enseñarles independencia.

Relaciones de pareja: pegadizo con afirmador

Placeres animales

Hay atracción natural. Amor al primer arranque de celos. Se puede desarrollar una relación protectora y de apoyo extremadamente fuerte. La vulnerabilidad del pegadizo y el mantenimiento del empuje del afirmador les proporcionan seguridad emocional a ambos. El afirmador disfruta con la responsabilidad extra. Los afirmadores abrirán la puerta y el pegadizo la cruzará en segundo lugar. Al principio, al pegadizo le encantará la forma en que el afirmador mantiene a raya al sexo opuesto. Se sentirán muy queridos.

¿Qué se obtiene al cruzar una polilla de perezoso con una rata de pelaje?

⚡ Principales problemas

Si el afirmador o el pegadizo tienen tendencia a emitir juicios, eso preanuncia el desastre en la relación para esta pareja. Se criticarán mutuamente precisamente por aquello que les hace atractivo para el otro. El afirmador detestará la dependencia y al pegadizo no le gustará el empuje. Eso predispone a una amarga ruptura en la que los juegos intelectuales les destruirán a ambos.

👥 Estrategia para permanecer juntos

Reconozcan y admiren las cualidades del otro, que son exactamente las opuestas a las propias. El pegadizo adora la independencia y la seguridad en sí mismo del otro. Al afirmador le gusta el poder de flexibilidad de su pareja. Procuren restar importancia a la dependencia y la disuasión. Tengan cuidado de no preparar trampas de culpabilidad para intentar controlar el comportamiento del otro.

Relaciones de pareja: pegadizo con jugador

🐾 Placeres animales

Tú diriges, yo te sigo. Una asociación de gran baile de salón. Contar con una buena pareja en el juego de la vida quizá sea lo mejor que pueda desear un jugador. Esta relación puede asumir muchos riesgos juntos y no tener otro temor que el verse desgarrados por el fracaso. Habrá muchas cosas compartidas y disfrute del jugador que participa en el juego de los logros y eso dominará la conversación. Esta pareja viajará bien juntos, pero será un viaje de aventuras o de turismo en el que lo verán todo. El pegadizo obtiene emociones que jamás experimentaría si fuese por su propia cuenta.

⚡ Principales problemas

Esta es una de las principales relaciones entre líder y seguidor que puede ser excelente hasta que cada uno empiece a suponer segundas intenciones en el otro. Entonces, la seguridad en sí mismo de cada uno de los dos iniciará un desmoronamiento y cada uno empezará a acusar al otro. Si llegan los hijos, los pegadizos pueden olvidarse de la existencia de su pareja y la pérdida provocará una escisión de soledad que puede inducirles a buscar fuera de la relación el afecto y la atención que estaban acostumbrados a recibir dentro de ella..., probablemente con otro pegadizo.

 Estrategia para permanecer juntos

Procuren mantener la relación siguiendo un camino hacia delante, sin mirar nunca atrás para encontrar respuestas. Establezcan juntos los objetivos, miren siempre adelante y disfruten del presente. No supongan segundas intenciones. Si llegaran niños, el pegadizo tendrá que realizar un esfuerzo extra para seguir prestando atención al jugador si no quiere que este termine por considerar acabado el matrimonio.

Relaciones de pareja: pegadizo con atacante

 Placeres animales

¡Campo de batalla en todas partes! Si sus convicciones son las mismas, esta puede ser una gran relación para situaciones de batalla en las que ambos tengan que luchar juntos. Pueden formar una gran pareja para asumir una misión o para defender a personas con un problema, como un niño con necesidades especiales que haya sido ignorado. El atacante necesita de la consideración incondicional y el pegadizo del valor para hacer lo que ambos deseen. Si logran encontrar un terreno intermedio entre esos dos instintos extremos, esta asociación puede funcionar muy bien para ambos.

Principales problemas

Esta es la relación en la que existe un mayor potencial para el maltrato continuado. El atacante que no controla la cólera y el

¿Qué se obtiene al cruzar una polilla de perezoso con una rata de pelaje?

pegadizo débil que no puede abandonarlo, crean uno de los perfiles más terribles de todas las parejas. Los mismos instintos capaces de impulsar a esta pareja a aceptar una misión cuando la energía se proyecta hacia fuera, pueden revolverse contra ellos produciendo un desastre doméstico si se proyectan hacia dentro.

👫 Estrategia para permanecer juntos

Procuren concentrarse en librar juntos las batallas porque están jugando con fuego si se separan y se vuelven el uno hacia el otro. No habrá lucha por el control, pero si pueden producirse maltratos a consecuencia del ejercicio del mismo. Elijan una misión para la relación y procuren cumplirla. En esta relación no será bueno volver sus instintos hacia dentro y siempre será mejor encontrar las batallas fuera del hogar. Cuando estén en desacuerdo, han de tener un cuidado especial para evitar que los niños les oigan discutir y elijan partido. Necesitan de un fuerte fundamento moral en esta relación para hacerla funcionar, así que consideren implicarse con alguna religión organizada o algún otro elemento que actúe como control moral.

Relaciones de pareja: combinador con combinador

Placeres animales

¡Adelante el equipo! Se producirá un acuerdo tras otro acerca de cómo puede ayudar cada uno al otro y satisfacer las necesidades del otro. Disfruten de las alianzas que conlleva esta relación. Habrá mucha reciprocidad, ya que cada uno de los dos querrá que el equipo funcione mejor. Se trata de una gran combinación para educar grandes familias y enseñar a los hermanos a cuidar los unos de los otros. Una pareja de combinadores tratará de incluir a todo el mundo y puede acabar como una familia ampliada, extendida a los vecinos y amigos.

Principales problemas

Cuando una parte rompe el contrato, la otra dejará de cumplir también con su parte. La situación puede derivar entonces hacia un continuo tira y afloja. Eso preanuncia la aparición de grandes problemas, ya que cada uno dejará de prestar un servicio al otro, uno tras otro, para castigarlo, hasta que ninguno de los dos haga nada por el otro. Si las peticiones del grupo ampliado de amigos se hicieran demasiado exigentes, el combinador terminará por trabajar más para los demás que para su propia familia y es muy probable que eso sea causa de fricciones. Si se pierde el espíritu de equipo, la soledad subsiguiente será insoportable para ambos.

Estrategia para permanecer juntos

Procuren basarse mucho en acuerdos del tipo «Si tú haces esto por mí, yo haré eso por ti» y nunca dejen de cumplirlos. Si no logran realizar algo que han acordado hacer, hagan en su lugar el doble de otra cosa. En esta relación hay que cumplir con lo que se dice. Si rompen un trato, estarán preparando el camino para seguir por una espiral descendente. Para detener el descenso por esa espiral, es importante que admitan cuándo se han equivocado y luego llegar a otro acuerdo para compensarlo.

Relaciones de pareja: combinador con cuidador

Placeres animales

Abundancia de sólida intimidad. A las dos personas les gusta dar y esta puede ser una relación muy atenta del uno con el otro. La intimidad no debería ser ningún problema. Esta será una relación con mucha consideración incondicional, positiva y mutua, y con una gran capacidad conjunta para salir al exterior y ayudar a los demás. Es una pareja que disfrutará tomándose respiros de la rutina laboral diaria para salir y ayudar a la humanidad. Este tipo de pareja trabaja junta en la construcción de hogares para los necesitados.

 Principales problemas

Ambos desean dar, pero el combinador también desea recibir, mientras que al cuidador no le importa recibir. El problema es evidente. El combinador se siente culpable por no poder dar nada y deja de desear recibir del otro. El cuidador considera eso como una retirada del amor. El centro de atención se desplaza entonces a dar hacia el exterior de la relación y eso incluye a otra parte que desee recibir y formar un nuevo equipo. Aunque la infidelidad no es una parte natural de esta combinación, es posible que se produzca debido al deseo de ambas partes de ser necesitados. Esa infidelidad no vendría motivada por la sexualidad, sino que procedería del deseo de dar afecto.

 Estrategia para permanecer juntos

La clave estriba en disfrutar dando y en ampliar juntos esa generosidad hacia otras personas. Las parejas como esta forman los tipos que dirigen organizaciones caritativas y eclesiásticas. El cuidador necesita trabajar en los placeres de recibir, en dar muchos abrazos, en no perder nunca el contacto con su relación física, ni siquiera durante breves períodos de tiempo.

Relaciones de pareja: combinador con afirmador

 Placeres animales

¡Conseguir, conseguir y conseguir! Esta es la mejor combinación posible para conseguir que algo se haga. Si trabajan los dos juntos en la relación y utilizan las habilidades de ambos, el resultado puede llegar a ser una impresionante máquina de conseguir cosas. Al establecer un objetivo y luego formar un equipo para conseguirlo, ambos tendrán el mundo a sus pies. Es una buena combinación para iniciar un negocio familiar.

 ### Principales problemas

Se pueden producir grandes desacuerdos acerca de cómo manejar los problemas, cómo motivar a los niños, etc. Tienen estrategias muy diferentes, con el combinador deseando motivar de una forma positiva y el afirmador deseando motivar a partir del temor. Lo más probable es que la mejor respuesta se encuentre en un punto intermedio, pero se entablarán innumerables discusiones acerca de quién tiene razón y quién está equivocado o de cuál es el mejor método.

 ### Estrategia para permanecer juntos

Juntos constituyen la máquina perfecta para conseguir cosas. Establezcan objetivos, reúnan a sus tropas y diríjanse directamente a conseguirlo; ese es su estilo conjunto. Dada en una sola persona, esta combinación puede producir al presidente ejecutivo perfecto, pero si se da en una relación harán mejor en respetar los puntos fuertes del otro y en trabajar juntos, como una unidad. Deben establecer formas de llegar a un compromiso y disponer también de la habilidad para permitir que la otra persona maneje algunas actividades por su cuenta y a su modo.

Relaciones de pareja: combinador con jugador

 ### Placeres animales

¡Gana una para el estafador! Son los dos muy similares en sus enfoques, con capacidad para crear abundantes sentimientos buenos, tanto dentro como fuera de la relación. Es una buena pareja, con potencial para la diversión y también para motivar a los demás. Son los perfectos jugadores de equipo en un deporte, capaces de sacrificarse por el equipo pero, al mismo tiempo, capaces de imaginar la mejor estrategia para ganar. Dada en una sola persona, esta combinación produce al entrenador con capacidad para motivar a sus jugadores y para provocar un impacto en muchas vidas.

 Principales problemas

Cuando los objetivos son diferentes, esto puede ser un verdadero lío. El combinador hace participar a otros, mientras que el jugador trata de ganar al otro miembro de la pareja y la relación se tensa entonces hasta sus límites. Una vez rotas las alianzas, cuando ya se han dejado de lado las reglas, se encontrarán en una situación de acoso y derribo en la que todo el mundo tiene que elegir de qué lado está. Si eso sucediera, espere que el combinador consiga poner a mucha gente de su parte y que el jugador los convenza de que todas sus opiniones están equivocadas; es un poco parecido a lo que sucede en unas elecciones.

 Estrategia para permanecer juntos

Procuren no discutir nunca demasiado profundamente los temas de la relación. Concéntrense únicamente en lo que haya que hacer y no intenten demostrar el error del otro. Si tienen la sensación de que su pareja se ha equivocado, ni siquiera discutan. Limítense a seguir adelante. Trabajarán mejor como un equipo si avanzan hacia algo, sin sentarse y ponerse a analizar.

Relaciones de pareja: combinador con atacante

 Placeres animales

¡Pasión y conexión! Esta relación puede despertar mucho entusiasmo y tener sentimientos positivos muy intensos. La pasión del atacante se combina con el deseo del combinador de formar una alianza que permita formar un equipo agresivo capaz de abordar grandes problemas. Si esta combinación se da en una sola persona, búsquela cuando se trate de conseguir resultados con rapidez, sobre todo si ya trabaja en su empresa.

 Principales problemas

Aquí hay una gran posibilidad de que cada uno tire para un lado, ya que el combinador siempre busca aumentar el vínculo y el atacante necesita provocar daño cuando se le ha hecho daño. Habrá un equilibrio de razón y pasión difícil de mantener. El atacante también tiene la necesidad de defender su parcela y puede sentirse muy amenazado cuando el combinador sale para formar toda clase de alianzas. Los celos pueden acabar por apoderarse de la relación y la gente terminará siendo herida. El combinador es una persona que no responde bien a los celos, de modo que luchará en cuanto estos empiecen. Toda la pasión puede transformarse en emociones negativas como la cólera y la rabia.

 Estrategia para permanecer juntos

Formar entre los dos una alianza que se concentre mucho en el exterior. Necesitan tener una vida activa fuera del hogar, de modo que puedan seguir utilizando sus habilidades en combinación para conseguir que sucedan cosas que aporten satisfacción. Procuren suavizar sus instintos cuando se encuentren en casa. Afronten continuamente cualquier tema relacionado con los celos y el combinador debería intentar hacer todo lo que esté en su mano (excepto abandonar alianzas) para lograr que el atacante se sienta seguro, de modo que ninguno de los dos sienta la necesidad de defender su parcela.

Relaciones de pareja: cuidador con cuidador

 Placeres animales

¡Un mundo hecho con los problemas de otros! Si existe la capacidad para aceptar, esta puede ser una de las pocas relaciones verdaderamente mutua. Cada uno se ocupará de atender al otro y juntos cuidarán del resto del mundo. Los hijos disfrutarán de tanto calor que nunca querrán abandonar el hogar, al menos hasta que encuentren a otro cuidador. Esta pareja llegarán a envejecer juntos. Harán sonreír a todos, y se les envidiará por la devoción que se profesan.

 Principales problemas

A ninguno de los dos le gusta recibir, pero tampoco se sienten justificados a menos que den. Existe la posibilidad de ser demasiado agradables el uno para el otro. Estamos también en un terreno donde surge la culpabilidad si uno empieza a involucrarse demasiado con el mundo situado fuera del hogar, sin hacerlo en compañía del otro. En esta relación habrá mucha manipulación sutil que habrá que ignorar.

 Estrategia para permanecer juntos

Aprendan a recibir del otro tanto como se dan mutuamente. Eso será algo realmente duro, de modo que quizá tengan que estructurarlo por días, semanas o algún otro medio. Una semana, uno de los miembros de la pareja cocinará todas las cenas y dará masajes por la noche y a la semana siguiente se intercambiarán los papeles. Necesitan ocuparse de las cosas antes que el uno del otro. Esta es la familia en la que hay multitud de animales domésticos.

Relaciones de pareja: cuidador con afirmador

 Placeres animales

¡Autores de libros de autoayuda! Se trata de una combinación interesante de dos personas que, juntas, pueden causar un gran efecto en el mundo. En el afirmador tienen la orientación de alcanzar los objetivos, lo que se combina con la actitud cuidadora del otro. Pueden realizar juntos grandes proyectos para ayudar a la gente y tendrán en la superficie de sus personalidades la clase de equilibrio que son escuchadas por los demás. Si funcionan bien, es una buena mezcla de sensibilidad y maquiavelismo. Viven en la realidad y encuentran soluciones a los problemas.

 Principales problemas

Si hubiera deseado diseñar una pareja que aceptara tomar muchas cosas sobre sus hombros, habría juntado a un afirmador persistente con un cuidador incapaz de negarse a hacerle un favor a alguien. Cuando esta pareja se siente muy animada no habrá problemas para establecer prioridades. El cuidador sentirá que se aprovecha y el afirmador quizá sienta que tiene que proteger.

 Estrategia para permanecer juntos

Es importante poner límites al número de proyectos que asumen. No sólo debe haber prioridades claras, sino también fuertes límites antes de empezar algo nuevo sin haber acabado previamente otra cosa. El cuidador nunca debe asumir nada sin discutirlo antes con el afirmador. De ese modo, si hay que decirle que no a alguien que se niega a escucharlo, el afirmador podrá ejercer su maravillosa habilidad para mantener a raya a la gente, desanimándola de seguir insistiendo.

Relaciones de pareja: cuidador con jugador

 Placeres animales

Todo atleta necesita un entrenador. Después de una larga jornada de lucha tratando de ganar en la jungla, ¿qué mejor que encontrarse en casa con una persona que te de masajes en la espalda, los pies y el ego? El cuidador es el receptor perfecto si el jugador aprecia que le cuiden y lo amen. Debería haber mucha diversión, aventura y mucho tiempo de recuperación. Si se pueden mezclar, estas dos estrategias configuran una relación exquisita.

 Principales problemas

Hay en el cuidador una tendencia a asumir otros proyectos cuando el jugador no está jugando. Eso invita al desastre. El jugador se acostumbrará al tiempo de recuperación y se sentirá extremadamente desposeído si el cuidador se dedica a cuidar a otra persona o cosa. Este problema puede surgir también cuando aparecen los niños en la relación. El cuidador puede tener a veces la sensación de que el jugador es como otro niño del que también tiene que ocuparse.

 Estrategia para permanecer juntos

No cometan errores, esta es una pareja de una sola tarea. No añadan demasiados compromisos si no quieren que la distancia destruya la relación. No impliquen a los niños en demasiadas actividades que les impidan jugar en el hogar o rechazar la atención que se les dispensa en él. En esta relación, procuren mantener flotando una corriente continua de diversión y novedad.

Relaciones de pareja: cuidador con atacante

 Placeres animales

¡Un hospital a la espera de que suceda algo! Los atacantes alfa desgarrados por la batalla pueden lamerse las heridas bajo la seguridad que les proporciona el cuidador. Después de una gran lucha se producirá un vínculo que sólo puede darse en una relación en la que ser herido se considere como algo positivo. El cuidador no tendrá que buscar más allá del propio hogar para encontrar a alguien a quien ayudar, excepto quizá a algunas de las víctimas del atacante.

Principales problemas

Preparen una habitación en la sala de enfermos mentales. El atacante será brutal y el cuidador posee toda la empatía del mundo. Estas dos personas están destinadas a detestar el comportamiento del otro. Aunque el atacante controlará su comportamiento, aquí hay diferencias morales que, una vez iniciadas, no pueden nivelarse independientemente del grado de compromiso que se ponga en ello. El cuidador siempre tendrá la sensación de que debe pedirle disculpas al atacante.

 Estrategia para permanecer juntos

En cuanto reconozcan esta estrategia en su relación, empiecen a trabajar en sus estrategias secundarias para que les sirvan de ayuda cuando aparezcan los problemas. Las diferencias morales entre el cuidador y el atacante sólo se pueden resolver si el primero se siente alienado y odia el mundo y si el atacante puede dar rienda suelta a la agresión que el cuidador nunca podría. En ocasiones, es mejor no seguir juntos y si empiezan a surgir problemas en la relación, esa es una de tales ocasiones.

Relaciones de pareja: afirmador con afirmador

 Placeres animales

De algún modo, los puercoespines también se las arreglan para hacer el amor. Pueden ustedes conseguir mucho y, juntos, no temen a nada. Afrontarán los problemas directamente y si dirigen sus objetivos hacia la mejora de la relación, llegarán a donde se proponen. Una pareja de afirmadores que actúan como un equipo puede conseguir cualquier cosa que se proponga. Los dos tienen objetivos y persistirán hasta haberlos alcanzado.

¿Qué se obtiene al cruzar una polilla de perezoso con una rata de pelaje?

 Principales problemas

Dos personas dirigidas hacia la consecución de objetivos pueden estar más interesadas en demostrarse la una a la otra que está equivocada, que en establecer un compromiso en una lucha. Ninguno de los dos permitirá que el otro se salga con la suya en nada. Si esta pareja no acuerda previamente un objetivo, se pueden lanzar el uno contra el otro y sentirse desdichados. Si se produce un divorcio, éste será brutal y cada uno gastará todos los recursos de que disponga para causarle daño al otro. El otro gran problema de esta pareja se produce cuando los dos penetran en el espacio del otro. Eso significa que cada uno tratará de disuadir inmediatamente al otro y la situación puede volverse muy volátil.

 Estrategia para permanecer juntos

Lo esencial aquí es una actitud de la más total y completa sinceridad. Si se ven atrapados en una mentira, lo mejor será admitirla. Nunca traten de proteger a la otra persona con una mentira; eso no es más que un desastre seguro. El espacio personal es aquí un concepto importante. Cada uno debería tener su propio coche y disponer de su propia zona en la casa, en la que el otro no debería entrometerse. Si uno está de mal humor, el otro debe apartarse, y cuanto más rápido mejor. No permitan nunca que la distancia les preocupe si no quieren sentirse poco queridos. Esa es una exigencia de este instinto animal.

Relaciones de pareja: afirmador con jugador

 Placeres animales

Objetivos y juegos. Esta es la supercopa de la animación. Forman otra gran pareja para conseguir hacer cosas. Se trata de una relación dotada de mucha creatividad y de una voluntad de asumir muchos riesgos. También es una relación activa, que puede incli-

211

narse hacia las vacaciones de aventuras o cruzar todo un continente en moto. Si logran mantenerse en el presente y no se pelean por el pasado o el futuro, esta combinación puede funcionar bien.

 Principales problemas

En esta pareja sucederán muchas cosas y analizar en exceso sus acciones puede crear problemas. Cuando cada uno intenta averiguar por qué el otro hizo algo o qué está pensando la otra persona, pueden brotar peleas ariscas por nada, como resultado de malinterpretaciones.

 Estrategia para permanecer juntos

Si tienen en la cabeza una idea que puede ser divertida, vayan juntos a por ella. Vivan juntos muchas experiencias en esta vida. Procuren que la vida se mueva a buen ritmo, de modo que no se sientan aburridos en ningún momento. Nadie puede hacer gran cosa que ustedes no tengan capacidad para recuperar juntos. Necesitan disponer de una forma de terminar con las peleas, antes de que se desmadren. Son esenciales las palabras o las frases que les permitan a ambos retirarse a sus respectivos rincones neutrales.

Relaciones de pareja: afirmador con atacante

 Placeres animales

¡El gran desafío! Habrá mucho movimiento en esta relación y nunca será aburrida. Puede satisfacer los deseos de desafío de ambas partes. Esta relación será la envidia de todos aquellos que anhelan mucha actividad.

 Principales problemas

Nada se puede posponer; de hecho, no deben retrasar el abordar un tema si su propia vida depende de ello. Las peleas durarán mucho y ninguno de los dos se dará por vencido. Esta combinación puede ser peligrosa y tiene capacidad para cruzar los límites con suma facilidad. A menudo, las cosas se hacen o se dicen arrastrados por el calor de la pasión y la rabia, algo de lo que la relación nunca llega a recuperarse. Los atacantes luchan hasta la muerte y los afirmadores alteran a la gente. Cuando la pelea empiece..., retírese.

 Estrategia para permanecer juntos

Tanto el afirmador como el atacante deben trabajar para suavizar su enfoque hacia la vida. Practiquen el adquirir paciencia e impónganse límites de tiempo para discutir sobre un tema. Si no lo han resuelto dentro de ese límite de tiempo, ambos deben aceptar la diferencia y lanzar una moneda al aire para tomar una decisión final. En cuanto estalle una pelea, será mejor que uno de los dos o ambos desaparezcan durante un tiempo (quizá un par de días) hasta que las cosas se calmen. Eso es algo que se tiene que acordar de antemano, pero la desaparición de uno de los dos impedirá que se produzca un ataque de alimentación frenética (como en la vida salvaje) que acabará con la relación para siempre.

Relaciones de pareja: jugador con jugador

 Placeres animales

Su vida sexual podría ser mejor que sus más alocadas fantasías. Habrá mucha diversión y creatividad en todos los ámbitos de su vida. Una gran cantidad de experimentación traerá consigo una buena cantidad de novedad. Si entran juntos en los juegos de la vida pueden disfrutar de mucha diversión diseñando la estrategia a seguir y relamiéndose con todas las victorias que conseguirán sobre los demás, sean parejas o instituciones.

 Principales problemas

Si los juegos se vuelven hacia dentro, vertiéndose sobre el matrimonio, los dos miembros de la pareja tratarán de engañar y manipular al otro. Un conjunto de jugadores puede jugar según reglas diferentes o incluso participar en juegos diferentes, produciendo estragos y acusaciones de engaño. Si, después de cualquiera de estos juegos hubiese un ganador claro, pueden estar seguros de que el perdedor lo recordará siempre.

 Estrategia para permanecer juntos

Procuren establecer gran cantidad de reglas básicas para todo lo que afecte a la relación. Establezcan reglas para pelearse, para educar a los niños, etc. Desafíense el uno al otro de un modo creativo, como por ejemplo planteándose quién de los dos organiza la velada más romántica o se le ocurre la manera más original de utilizar la cama. Procuren afrontar juntos los desafíos y soliciten siempre la ayuda del otro. Pero, lo más importante, recuerden que, como jugadores, tienen que divertirse en la vida tanto como puedan.

Relaciones de pareja: jugador con atacante

 Placeres animales

Controlen los caprichos. En la vida cotidiana tendrán que afrontar multitud de batallas y es posible que abrumen y arrollen a otras personas, parejas o instituciones. Sus hijos aprenderán las habilidades para trabajar y jugar bien y no habrá nada o muy pocas cosas que les intimiden. Practicar el sexo después de una pelea también puede ser magnífico.

Principales problemas

El jugador manipulador puede frustrar fácilmente al atacante y las chispas no serán nada bonito de ver cuando salten. Aquí, la frustración desencadena a menudo las emociones negativas. El jugador también se sentirá frustrado cuando el atacante abandone el juego y le salte al cuello.

¿Qué se obtiene al cruzar una polilla de perezoso con una rata de pelaje?

 Estrategia para permanecer juntos

Escriban cada día 100 veces la frase «No seré un estúpido testarudo» y aprenda a dejar que sea otro el que gane. En esta combinación será mejor que elijan cuidadosamente las batallas y, si fuera posible, eviten enfrentarse el uno al otro. En lugar de eso, concéntrense en luchar contra algo que se halle situado fuera de la relación. Tienen que practicar a renunciar al control sobre el otro porque, en esta combinación, la lucha por el poder sólo puede ser brutal.

Relaciones de pareja: atacante con atacante

 Placeres animales

¡¡Pasión!! ¡¡Pasión!! ¡¡Pasión!!

 Principales problemas

¡¡Peleas!! ¡¡Peleas!! ¡¡Peleas!!

 Estrategia para permanecer juntos

Comprueben que en el país en el que vivan estén en vigor leyes muy estrictas sobre la posesión de armas de fuego. Recojan todos los cuchillos que haya en la casa, hagan un paquete y envíenlo a una tía en Nueva Zelanda. No se les ocurra situarse delante o detrás de un coche que conduzca el otro. Lleven siempre puestos los chalecos antibalas.

Capítulo 13

¡Sea salvaje!
¡Sea un animal!

¿Cómo podría convertirse en el animal perfecto?

Bueno, podría utilizar la habilidad del evasor para organizarse una vida sencilla, de estrés reducido. El mimetizador le proporcionaría la habilidad para llegar al compromiso. El pegadizo se sentiría feliz de transmitirle la maravillosa sensación del amor maternal. Formaría equipos productivos con las habilidades del combinador y sería altruista y atendería a los demás como hace el cuidador. El afirmador le enseñaría a no permitir nunca que nadie le impusiera su voluntad y con el jugador encontraría la diversión y la alegría del deporte. Si se viera acorralado, aprendería a luchar como el atacante. Un animal perfecto.

¿Le parece que eso ya se parece un poco a como es usted? En algunas ocasiones habrá utilizado todas esas habilidades, pero no ha permitido que hayan quedado integradas en su personalidad. En la mayoría de las ocasiones se ha fiado de uno o dos de esos instintos. A medida que desarrolla equilibrio en su vida, puede obtener el conocimiento para utilizar todas estas estrategias, empleando en cada momento la que sea más apropiada para una situación dada. Entonces puede convertirse en el animal perfecto.

En las páginas precedentes se han hecho sugerencias para mejorar cada una de las estrategias. Se han dado explicaciones en las que se perfila cómo funciona cada estrategia. Se han incluido modelos animales para que los recuerde cuando se disponga a actuar siguiendo sus más naturales instintos animales. Al tomar cada instinto, uno tras otro y practicar el proceso, utilizando las sugerencias de mejora y pensando en el modelo, conseguirá mejorar su capacidad para manejar todas las situaciones de una forma instintiva efectiva. Puede convertirse así en el animal perfecto, en una máquina de supervivencia.

Tras cerrar este libro saldrá a la jungla de su vida donde hay evasores que procurarán escapar de usted, mimetizadores a los que apenas podrá ver, petrificados por el temor, pegadizos que intentarán vincularse con usted, combinadores que desearán que se les una, cuidadores que se preocuparán por el próximo paso que vaya a dar, afirmadores que desearán disuadirle de algo, jugadores que intentarán situarse un paso por delante de usted y uno o dos atacantes esperándole para lanzarse a su cuello con sus aplastantes garras. Ahora está armado con un nuevo arsenal de ideas, de modo que puede estar preparado para ser el más apto en la épica lucha de la vida por la supervivencia. Puede situarse en lo más alto de la cadena alimenticia emocional. Así que...

¡Sea salvaje! ¡Sea un animal!

Índice

Agradecimientos 9

¿Hasta qué punto es ud. apto para la supervivencia?
Cuestionario del instinto animal 11

Capítulo 1
Seres humanos salvajes 13

Capítulo 2
Coma, beba y sea peludo 21

Capítulo 3
La bestia que llevamos dentro 33

El cuestionario de sus hábitos como criatura 43

Capítulo 4
De topos y hombres. *El evasor* 51

Capítulo 5
Camine como un camaleón. *El mimetizador* 67

Capítulo 6
El perezoso y el pez rémora. *El pegadizo* 87

Capítulo 7
Dormir con la anémona. *El combinador* 103

Capítulo 8
Los rebaños y las abejas. *El cuidador* 119

Capítulo 9
Espinas y puercoespines. *El afirmador* 135

Capítulo 10
La zorra, las bandadas y los escoceses. *El jugador* 149

Capítulo 11
Tiburón, serpiente de cascabel y control. *El atacante* 165

Capítulo 12
¿Qué se obtiene al cruzar una polilla de perezoso que come estiércol con una rata con pelaje?
Instintos animales y relaciones 179

Capítulo 13
¡Sea salvaje! ¡Sea un animal! 217